衣沾不足惜

邢义田访谈录

邢义田 口述
马增荣 笔录

生活・读书・新知 三联书店

Simplified Chinese Copyright © 2024 by SDX Joint Publishing Company.
All Rights Reserved.
本作品简体中文版权由生活·读书·新知三联书店所有。
未经许可,不得翻印。

图书在版编目(CIP)数据

真种花者:邢义田访谈录/邢义田口述;马增荣
笔录. -- 北京:生活·读书·新知三联书店,2024.10
ISBN 978-7-108-07802-5

Ⅰ.①真… Ⅱ.①邢…②马… Ⅲ.①邢义田—访问记 Ⅳ.① K825.81

中国国家版本馆 CIP 数据核字 (2024) 第 055666 号

责任编辑	王婧娅
封面设计	崔欣晔
责任印制	洪江龙
出版发行	生活·讀書·新知 三联书店
	(北京市东城区美术馆东街 22 号)
邮 编	100010
印 刷	上海丽佳制版印刷有限公司
版 次	2024 年 10 月第 1 版
	2024 年 10 月第 1 次印刷
开 本	787 毫米 ×1092 毫米 1/32 印张 9.5
字 数	153 千字
定 价	98.00 元

1977年与妻维红（右）摄于美国夏威夷大岛

从夏威夷大学的 Hale Manoa 宿舍所见瓦胡岛钻石头山

1978 年摄于意大利罗马文明博物馆（Museo della Civiltà Romana）

1978 年摄于德国美茵茨的罗马 - 日耳曼中央博物馆（Römisch-Germanisches Zentralmuseum Mainz）

1979 年与费孝通先生（中）合影于美国夏威夷

1978年摄于梵蒂冈美术馆（Musei Vaticani）

1987年杨联陞先生赠书

2002年11月与徐苹芳先生（左）合影于徐公馆

2008年参观敦煌地区汉代烽燧,自左至右:邢义田、刘乐贤、黎明钊、侯旭东

2008年参观以色列罗马海港凯撒利亚(Caesarea)供水道遗迹

2008 年参观古姆兰（Qumran）死海经卷出土地，与同行学者合影

2010 年与台大学生参观山东嘉祥武氏祠

2012年参观日本京都河井宽次郎纪念馆

2013年2月27日,台大历史所同学上课参观史语所库房工作室

2013年3月15日,史语所汉简小组合影

2023 年与马增荣合影于史语所

目 录

第一章　家庭、求学和师友杂忆

从艺术少年到历史系学生　003

台大岁月　013

走出中国　024

夏威夷大学　036

史语所三十五载　049

第二章　"为己之学"：我的学术研究

整体历史　073

传统中国的"变"与"不变"　078

古代社会的"上层"与"下层"　090

中国社会的"封建化"　098

儒家地位的反思　101

士大夫以外：工匠与刀笔吏	107
读写能力与经济生活	112
对帝国的想象	118
比较史学	124
出土简牍	133
不同性质的简牍与存灭	144
图像看史	155
分寸的拿捏	169
材料与方法	175
真种花者	183
"细读"的艺术	186

第三章 新时代的挑战与回应

出土材料的挑战	193
传世文献的地位	202
谈文字训练	211
给年轻人的话	218

附录

附录一　变与不变——一个史语所历史学徒的省思　　251

附录二　此情可待成追忆：敬悼傅师秀实　　261

附录三　新工具与新史学：用 Google 地球探索秦汉长城　275

后记一（邢义田）　　284

后记二（马增荣）　　285

[邢 义 田 × 马 增 荣]

2019/6.24-25

历史语言研究所　邢义田教授研究室

邢义田，1947年生，美国夏威夷大学历史学博士，"中央研究院"历史语言研究所特聘研究员、院士。主要研究领域为秦汉史、罗马史、出土简牍和图像学等。著有《秦汉史论稿》《古罗马的荣光——罗马史资料选译》《天下一家：皇帝、官僚与社会》《治国安邦：法制、行政与军事》《地不爱宝：汉代的简牍》《画为心声：画像石、画像砖与壁画》《立体的历史：从图像看古代中国与域外文化》《画外之意：汉代孔子见老子画像研究》《今尘集：秦汉时代的简牍、画像与文化流播》《Google地球与秦汉长城》等。与史语所简牍整理小组合作，以红外扫描技术整理居延汉简，出版《居延汉简》(壹一肆)。

马增荣，1983年生，美国加州大学圣塔芭芭拉分校历史学博士，香港理工大学中国历史及文化学系助理教授。专攻秦汉史及出土文献，学术论文见于《"中央研究院"历史语言研究所集刊》、*T'oung Pao*、*Asia Major*和*Early China*等期刊。

第一章

家庭、求学和师友杂忆

从艺术少年到历史系学生

马　邢教授是在哪里出生？什么时候移居台湾？

邢　我是1947年在贵州遵义出生，1949年来到台湾。

马　您对中国大陆还有记忆吗？最早的记忆是什么？

邢　没有，当时我才两三岁。最早的记忆就在台湾，住在新竹山上。抗战结束后，父亲考取陆军大学，预备上大学。陆军大学在南京，弟弟就在南京出生。1949年，我们一家从大陆搬到台湾。当时父亲得了肺病，患肺病的人要跟别人隔离。我们一家无处可去，幸而新竹高峰里圆光寺的住持达文师收留了我们。圆光寺是新竹市郊小山丘上的尼姑庵，我们住进庵旁厨房分隔出来的房间里。当时陪父亲养病的还有我叔叔。达文师一生热心公益，2012年圆寂，享年八十三岁。

  我最早的记忆就是在新竹。在庵里跑来跑去，到山上的竹林玩，用竹叶造条小船，顺山上的小溪漂流而下。大概两年吧，父亲病好了，要继续学业。大学已迁到台北大直，我们家也搬到台北淡水河旁一处离台北大桥不远的眷村——明德新村。父亲毕业后，留在学校当教官，一度到其他单位任职，后来又回到大学，一直到退休为止。

马 我记得您曾经说过，您的父亲很喜欢读书，妈妈则会画画，这样的家庭环境对您的影响有多大呢？[1]

邢 我觉得影响很大啊！举个例子。家父年轻时学英文，有一本中英对照的《泰西五十轶事》，有文有图。我小时候就拿它当故事书看，记得其中有瑞士传说神射手威廉·泰尔（William Tell）射苹果的故事。当

---

[1] 参邢义田，《序》，载氏著，《天下一家：皇帝、官僚与社会》（北京：中华书局，2011）；谢伟杰、游逸飞、陈弘音访谈，郭枫、张怡然、陈弘音整理，《走在研究路上：邢义田教授座谈会（2018.04.19）》，《古今论衡》33（2019），页173—184。

时中英文都看不懂，喜欢看配图。配图很美，记忆中是那种线条极优美、流畅、细腻的铜版画，引发了我对图画的兴趣。这大概是所谓的潜移默化吧。您看，那幅山水人物画就是我在台大读书时画的。（指向书柜上的一幅画）（图01）

马　您从小就对艺术有兴趣吗？

邢　我喜欢画画。[1]（笑）小学在学校帮忙画壁报，中学参加美术社的活动，素描石膏像，画水彩画，我都很喜欢。母亲是家庭主妇，家务之余，除了刺绣以贴补家用，还会在台湾师范大学的夜间部学国画（图02），拜过张德文（1919—1999）、孙家勤（1930—2010）、郑月波（1907—1991）、喻仲林（1925—1985）、傅狷夫（1910—2007）、金勤伯（1911—1998）、林玉山（1907—2004）、黄君璧（1898—1991）等名师，认识不少艺术系的老师。高中快毕业，我本来想考艺

---

[1] 邢教授少年时代对于艺术的兴趣，又参邢义田，《自序》，载邢义田编译《古罗马的荣光 I：罗马史资料选译》（台北：远流出版事业公司，1998）。

图01　仿元四大家之一吴镇　唯一一幅有父亲题字的习作

图 02　母亲画作　收入《马良宣作品选集》(1990)

术系。有一次,母亲拿我的水彩画给某位老师看,说自己儿子对艺术有兴趣,请老师看看画得成不成(图03.1-2)。老师一看像个小孩儿画的,就说:"这条路太苦了!有兴趣很好,可以保持这兴趣,但最好学别的,可以生活。"母亲回来说,你不要考艺术系了。学艺术一定要天才,资质天分要够。我想天分不够,将来要卖画维生,真是很苦,就打消了念艺术系的念头。

马 那您对历史的兴趣是什么时候开始的呢?

邢 来源很早,小时候爱听故事。小学三到五年级时,郭琼珠老师每天放学前都会讲世界名著里的故事,例如《基督山恩仇记》。我非常着迷,每天都在等放学。这是我爱上故事的开始。真正的关键则是高中时代。我在台北的成功中学遇到非常好的历史老师。

马 是您提过的于鸿霖先生(1919—1984)(图04)吗?[1]

邢 对对。于老师是辽宁本溪人,国立东北大学历史系

---

[1] 谢伟杰等,《走在研究路上》,页4。

图 03.1　1966 年大二时的自画像

图 03.2　1966 年台大医院写生练习

毕业，师事蓝文徵先生，蓝文徵是陈寅恪先生的弟子。于老师给我们上课根本不必看课本，（笑）讲课很自然，像在说故事，很吸引人。除了上于老师的课，我喜欢看课外书，不一定是历史，也有中外小说，例如《三国演义》《水浒传》《西游记》，西洋翻译小说《基督山恩仇记》《三剑客》《格列佛游记》《汤姆历险记》《双城记》《少年维特的烦恼》，非常吸引我。当然还有当代小说如王蓝（1922—2003）的《蓝与黑》、杨念慈（1922—2015）的《废园旧事》等等。这些都引发我对历史的兴趣。

马 我听老师们说，当时从中国大陆到台湾、香港的中学老师，他们的语文、历史水平都非常高，有些是有资格去教大学的。

邢 确实如此。我的中学语文老师有很多是名作家、诗人。隔壁班的一位老师是现代诗人路逾（1913—2013），笔名纪弦。我的语文老师叫祝丰（1921—2003）（图05），是作家和文学评论家，笔名司徒卫，也是报纸副刊的主编。后来我当兵时，读《通鉴》，

图 04　于鸿霖老师

图 05　祝丰老师

祝老师曾邀我在他的副刊上写方块文章，每周一篇，写了几个月。

马　后来为什么在大学选读历史呢？

邢　艺术不能念，父母说要念一个比较容易找工作、赚钱的。那时候大学联合考试，分文科、工科、理科和生物科，我考的是文科。文科分数比较高的是外文系（外国语文系），然后是中文、历史。那时候文科还有法商组的科系，像经济、国际贸易、工商管理、法律，分数比较高。当时念外文系分数最高，我的第一志愿填的是外文系。家里希望我去学外文，将来好讨口饭吃。

马　白先勇好像也是念外文系的？

邢　对，外文系拥有许多名师，如英千里（1900—1969）、侯健（1926—1990）、余光中（1928—2017）、颜元叔（1933—2012）、王文兴（1939—2023）、齐邦媛（1924—2024），也出了很多名作家，白先勇是其中之一。外文系曾编有一份在那个年代非常重要的刊物《中外文学》。但另有不少外文系学生，例如许倬云、杜维运（1928—2012）和郑培凯，后来或转历史系或转行历史，成为名家。当时念大学，要不然就去念商科。我填的几个志愿，外文、商科等在前，历史在后，但是考试分数刚好落在历史，就进了历史系。

马　然后一辈子都是在研究历史。

邢　很高兴啊！刚好就是自己喜欢的，分数如此，爸妈也没话可说。要我做生意，那就完了；去念外文，我的外文也不成啊！（笑）

台大岁月

马　在台大历史系,您最感兴趣的科目是什么?

邢　刚进历史系,什么都不懂。高中时喜欢历史,但以为历史就是些故事。大学选课,基本上是跟系里的要求有关。那时候我们一定要修一些中国史和西洋史,还有一些社会科学,反正就是按照学校要求的课程去修读。

马　您是怎样在修读的过程中发展自己的兴趣呢?

邢　跟老师很有关系。上某位老师的课,如果觉得有趣、有启发,就会被吸引去读那一方面的书,然后慢慢产生兴趣。我们的经验应该差不多吧。(笑)

马　那时候的台大很特别,同时有新、旧两批学者。像许倬云教授是第一批海归学者,也有从大陆到台湾,很传统的学者。您可以说说当时的情况吗?

邢　我们那一代学生特别幸运。刚好傅斯年(1896—1950)等学者到台湾,把一批优秀的学者带到台大。他们在历史系、哲学系、考古人类学系或中文系任教,人文方面最好的老师都在这里。当时的好处是容许学生在不同的系修课或旁听。必修课以外,还有选修课,没有限制,自由选读。我旁听或修了很多考古人类学系和中文系的课。很多专书的课开在中文系,例如屈万里先生(1907—1979)的《尚书》课、何定生先生(1911—1970)的《诗经》课。屈先生是自学成才的经学大师,何先生曾在《古史辨》里写文章,(笑)是顾颉刚(1893—1980)的弟子。名教授上课,吸引大家去旁听。我旁听过哲学系方东美先生(1899—1977)、陈寅恪(1890—1969)弟子徐高阮先生(1911—1969)的课,[1] 中文系毛子水先生(1893—1988)的《论语》课、王叔岷先生(1914—2008)的《庄子》课和《刘子新论》课、叶嘉莹先生的唐诗宋词,经济系施建生先生(1917—2020)的经济学。有些听了一学期,有些听了几堂就放弃了。

---

[1] 徐高阮以写《山涛论》著名。《山涛论》见《"中央研究院"历史语言研究所集刊》41.1(1969),页87—125。

马　当研究生时,您旁听过其他系的课吗?

邢　研究生课程要求较重,没时间旁听了。我研究生时除了语文课,都在历史系修。但是有些研究所的课,不同系的研究生也可以去修,而且有些课是高年级的本科生跟研究生都可以一起修。

马　您在硕士班最初读隋唐史,后来改成秦汉史。[1] 为什么会有这个转变呢?与您的导师傅乐成先生(1922—1984)(图06)[2] 有关吗?

图06　大学毕业谢师宴后合影
自左至右:邢义田、黄长生、傅乐成、校昌国、房良迪

1　谢伟杰等,《走在研究路上》,页4。
2　可参见本书附录二《此情可待成追忆:敬悼傅师秀实》。——编者注

邢 这是我自己的决定。我读研究所是在当兵以后。台湾男生要服一年的兵役。服役期间,我读了《资治通鉴》。(笑)《资治通鉴》最重要的就是隋唐部分,那时候读了就对隋唐史产生兴趣。服兵役前,我已考取研究所,打算服完兵役再念研究所。因此,服兵役时就做些准备,念一些书;服完兵役,跟傅老师念隋唐史。上课曾读陈寅恪先生的著作,受到启发,因此写下报告《契丹与五代政权的更迭》。傅老师觉得不错,后来交给《食货月刊》发表。[1]

我最感兴趣的是唐朝跟回纥、突厥、吐蕃、朝鲜等外族的关系。硕士论文原来要写唐代的边防政策,计划都已经跟老师谈好。当时曾读了余英时先生(1930—2021)的 Trade and Expansion in Han China 和王赓武先生的 The Structure of Power in North China

---

[1] 邢义田,《契丹与五代政权更迭之关系》,《食货月刊》1.6(1971),页296—307。

during the Five Dynasties。[1] 直到现在，我仍然对中国跟域外的关系感兴趣。

为了写论文，读新旧《唐书》、新旧《五代史》，发现唐朝官员在朝廷上议论如何对付新罗、百济、吐蕃、回纥时，经常引用汉朝的典故，讨论汉朝如何对付匈奴。大学时虽读过一点秦汉隋唐史，很少读原典，知道的很少。我觉得如果没有真正下过功夫读四史，不但无法掌握唐朝人引用典故的意思，更无法了解他们为何根据某一典故议论某项政策。因此，我跟傅老师商量，如果只读唐代史，感觉"底气"不足，（笑）想先加强自己秦汉史的知识。他说："也对！"我就开始读秦汉史了。

秦汉史是另外一个世界，前四史引人入胜。在硕士班的最后一年，为了及时毕业，我改了题目。汉代的对外政策有很多方面，于是收窄题目，仅谈

---

[1] Ying-Shih Yü, *Trade and Expansion in Han China: A Study in the Structure of Sino-Barbarian Economic Relations* (Berkeley: University of California Press, 1967); Gungwu Wang, *The Structure of Power in North China during the Five Dynasties* (Stanford: Stanford University Press, 1967).

对外政策中的"以夷制夷"策略。[1]

马 我在一些地方读到,邢教授提到要研究一个时代,就要先知道那时代之前的一个时代。这样,可对要研究的时代有比较全面的把握。[2]

邢 对。现在回想幸好念了秦汉史。实际上,我在念隋唐史的时候,也读了些魏晋南北朝史的书。当时觉得魏晋南北朝跟隋唐最有关系,无奈更早的秦汉,一时读不过来。再一想幸好念了隋唐和魏晋南北朝史。后来考虑秦汉的问题,有些思考的框架自然而然不限于秦汉。大学时曾上李济(1896—1979)和许倬云老师合开的中国上古史,无意间打下一点先秦史的基础。刚才说过,我喜欢读《尚书》《诗经》《左传》,以及《老子》《韩非子》《荀子》《墨子》等诸子书,一本接一本。如此我对秦汉前后的时代都不太陌生。这些都是后见之明,当初并没有计划或

---

[1] 此文后修改成邢义田,《汉代的以夷制夷论》,《史原》5(1974),页9—54。

[2] 邢义田,《序》,载氏著,《秦汉史论稿》(台北:东大图书公司,1987)。

觉悟到我乱念一通，最后能贯通起来。

马　其实，您本来就对秦汉有兴趣，对吗？

邢　我都很有兴趣。大学时兴趣广泛，历史理论、社会科学、哲学，甚至经济学的书都看。那时校园里非常流行存在主义，大家都如醉如痴地读加缪（Albert Camus，1913—1960）、萨特（Jean-Paul Sartre，1905—1980）、卡夫卡（Franz Kafka，1883—1924）等大师的书，不读就好像落伍。老子、庄子和唐代和尚寒山、拾得等人被奉为存在主义在中国的先驱，我读这些和那时的风气很有关系。教我理则学的陈鼓应老师以存在主义解读《庄子》，一度风靡校园，我随风读了些老、庄（图07）。我的同窗好友黄俊杰喜欢

图07 读研究所时所刻石印"曳尾涂中"

孟子、老、庄和佛学，我们常一起讨论，但佛经实在不合脾胃，没跟上。

现在回想，有先秦典籍的基础，对读秦汉史帮助非常大。我脑中从先秦到唐代有了一个大致整体的印象。此外，有一年每个周末在考古系听李霖灿老师讲中国艺术史。他用幻灯片介绍台北故宫博物院珍藏的名画，以唐宋明清为主，令人非常享受。从宋至明清民国，虽曾上过姚从吾（1894—1970）、札奇斯钦（1915—2009）、萧启庆（1937—2012）、陶晋生、夏德仪（1901—1998）和李守孔（1923—2014）等老师的课，东西太多，读过的太少，仅有些片断粗浅的常识而已。"漫羡而无所归心"大概是我那时的学习状态。

马　其实这就是我问上述问题的原因。我在看邢教授的文章时，发现您的重心虽在秦汉，但讨论的问题不限于一个时代，也不限于中国。这可能跟您在大学接受的教育有关系吧？

邢　对，很有关系。那时许倬云老师几乎每一年都从国外请一些学者来台大历史系开课。不一定是中国人，不少是洋人。像研究宋代法制史的马伯良（Brian E. McKnight，1938—2021）、以社会学理论研究中国古代史的艾伯华（Wolfram Eberhard，1909—1989），先后来校当客座教授。师从人类学大师克鲁伯（A. L. Kroeber，1876—1960）的黄文山先生（1898—1988）这时也到台大客座讲文化学体系，听者满坑满谷。他们客座一个学期或一年。我读大学和研究所的时候，几乎每年都有机会接触这些从国外来的老师。他们带来很多跟社会科学或中国史有关的新想法。许倬云老师在这方面的贡献很大。

马 您在一篇文章中提到，当时社会科学的理论非常流行，但后来反思，中国史研究还是不能过度依赖社会科学的理论。[1]

---

[1] 邢义田，《变与不变——一个史语所历史学徒的省思》，《"中央研究院"历史语言研究所七十五周年纪念文集》（台北：历史语言研究所，2004），页141—160；又见于《当代》200（2004.4），页56—69。今收入本书，见"附录一"。

邢　读大学的时候，我非常沉迷于社会科学和种种流行的史学理论。还试着套用社会科学的理论写论文。印象最深的是修考古人类学系芮逸夫老师（1898—1991）（图08）的"文化变迁"课时，一篇课中报告谈隋唐府兵制，就是套用社会科学的涵化理论。[1] 当时觉得新鲜有趣。研究所时代的陶晋生老师也鼓励大家学习社会科学。陶老师也是我硕士论文指导老师之一（图09）。在进史语所工作前后，参加许倬云和毛汉光先生主办的中国社会经济史暑期研习营，曾试着以人数统计为基础，分析汉代孝廉的身份和地域背景，[2] 写作快成篇时即觉悟，用人数统计并不能得到

图08　芮逸夫老师

---

[1] 邢义田，《从涵化观点看府兵制》，《史绎》6（1969），页1—13。
[2] 邢义田，《东汉孝廉的身份背景》，许倬云、毛汉光、刘翠溶主编，《第二届中国社会经济史研讨会论文集》（台北：汉学研究资料及服务中心，1983），页1—56。修改后收入氏著，《天下一家》，页285—354。

图09 2011年5月7日与陶晋生师同访香港中文大学时摄

什么比"细读"史料更好的结论。发表这篇习作后,离开了"计量史学"那一套,也决定将社会科学放在今后读书的较后端。来自西方的社会科学和史学理论不是没有好处,好处是可以自不同角度刺激思考和提问。但以中国古代史而言,我感觉,如何正确解读史料,应该更为根本。古代史史料太少、太片断,又不易确实掌握其意义,即便能套用理论去提问,多半没材料可回答,能借理论深化认识的更为有限。稍一不慎,生搬硬套、削足适履的毛病就上身。我据涵化理论谈府兵制,用计量方法分析孝廉问题,都是活生生的例子。这些经验和觉悟,使我不想再卖弄理论。[1]

走出中国

马　研究所毕业以后,为何打算出国留学?与许倬云教授有关系吗?

邢　主要跟当时台湾大学的风气有关。我们历史系班上,男生要留下来当兵,女同学成绩好的几乎都出国了。

马　是在七十年代?

邢　在六十至八十年代。我是1965—1969年读大学。那个时候,大家都拼命要出国,有句顺口溜:"来来来,来台大;去去去,去美国。"去美国的最多,其

---

[1] 邢教授对当时台湾史学趋势的亲身经验和反思,又参邢义田,《总序》,载邢义田、黄宽重、邓小南总主编,《台湾学者中国史研究论丛》(北京:中国大百科全书出版社,2005),页1—5。

他如欧洲和日本也有。

马　你想过去欧洲或日本吗?

邢　没有。这牵涉语文问题。我们在大学主要学英语，去美国比较方便。去欧洲如法国、德国，或日本，还要学别的语文，比较困难。我在大学时修过日语、德语，可是都不够用。还是申请美国比较方便，又有奖学金，何况那时很多同学都去美国了，很容易受他（她）们影响。

马　那个时候就是一个风气。

邢　对。就是一个风气！没有什么道理可言。（笑）

马　可是您学罗马史，非常特别。

邢　对。我们在大学、研究所的时候有很多西洋史的课程，也有一些从国外回来教我们西洋史的老师。读硕士班时，许倬云老师从美国请回蔡石山老师（图10）教我们西洋史。我上他的"西洋史学名著选读"，全用英文教

图10　蔡石山老师

材。大学时期，虽然修了一些西洋史，用的都是一般中英文教科书。蔡老师全用英译原典，跟他读了希罗多德（Herodotus，约前484—约前425）、修昔底德（Thucydides，约前460—约前400）、塔西佗（Tacitus，56—120）等人的著作，以及但丁（Dante Alighieri，1265—1321）的《神曲》（*La Divina Commedia*）、布克哈特（Jacob Burckhardt，1818—1897）的《意大利文艺复兴时期的文化》（*The Civilization of the Renaissance in Italy*）等西洋古典名著。蔡老师仅要求选读片段，但有不少书我从头读到尾，觉得很有趣，非常喜欢。我深切认识到，中国以外的世界原来也有很多伟大的文明，像埃及、两河流域和希腊、罗马等等。很不一样，非常吸引我。因此，我一直想走出中国。

马 您到美国就是一心想学中国以外的东西？

邢 对，这是我当时的愿望。刚才说过，有很多同学已经出国。他们到美国几乎都是念中国史。我觉得要念中国史，倒不如在台湾。我们当时的老师都很好，从上古一直到宋元明清几乎每一个时代都有最好的老师,美国学校一校之中反而没有那么齐全的师资。为什么不在台湾学中国史呢?总之那个年代的气氛就是外国的月亮比较圆,去海外念书几乎是"有为青年"理所当然的选择。

马 您是最早到美国学罗马史的台湾人吗?

邢 不是。在我之前,譬如教我希腊罗马史的沈刚伯老师(1896—1977),早年在英国学埃及学。教我们西洋中古史、文艺复兴史的王任光老师(1919—1993)是位神父,早年在美国学神学,精拉丁文。此外,教我19世纪欧洲史的刘崇鋐老师(1897—1990)早年留美。大一教我们西洋通史的王曾才老师(1935—2020)是留英的博士。同辈中的确很少人去海外念西洋古代史。但台湾的辅仁大学历史系以培养西洋史人才为主,不少辅仁同学去海外念西洋史,例如周梁楷去美国学史学史,跟随史学史大师伊格尔斯(Georg G. Iggers,1926—2017)。更多同学去海外就转行了。当时非常热门的是念图书馆学。

您没有想到吧？我有很多女同学改念图书馆学，后来就留在美国的图书馆工作。

马　是啊，我发现很多台湾人在美国大学的东亚图书馆工作。我在美国留学的时候，学校的东亚图书馆员也是台湾人。

邢　没错。例如台大图书馆的一位先生，我念大学时就认识，不知哪一年去了哈佛燕京图书馆（Harvard-Yenching Library）工作。二十年后，我到哈佛燕京学社（Harvard-Yenching Institute）当访问学者（1986—1987），他还在哈燕图书馆。普林斯顿大学葛思德图书馆（Gest Library, Princeton University）的图书馆员中就有我的大学同班同学。那时风气如此，后来就少了。女生也有去海外念历史的，但真正留在史学界的几乎没有。我们班上的男生要当兵，当兵后多留在台湾念研究所，后来出国攻学位，再回台湾的各大学历史系所服务。

马　蒲慕州教授也跟您一样，到外国学西洋史。

邢　他比我晚很多届，外文和家世都非常好，对西洋古史也有兴趣。在我的年代，到外国念罗马史算是少数。可是，最近几年，台湾年轻人到国外念西洋史的人数变多。他们到英国、法国、德国、意大利、希腊等地，学一些在我们那个年代觉得不太可能学的历史。我在台大教书时，有一位学生到英国去读拜占庭史，另有别人的学生到英国，一位研究埃及莎草纸文书，一位学古希腊陶瓶工艺制作，现在都拿到学位，回台湾教书了。也有人去意大利、法国或德国学艺术史。还有一位从台湾去美国宾州大学和希腊，学希腊、拉丁文和古典文学、历史，现在在北京大学任职，很不容易。

马 我听说，您是拿到夏威夷大学东西中心（East-West Center，University of Hawaiʻi）的奖学金，所以决定到当地留学。[1]

邢 在申请夏威夷大学之前，我已获得多家大学录取，包括华盛顿大学（University of Washington）、印

---

1 谢伟杰等，《走在研究路上》，页5。

地安那大学（Indiana University）和芝加哥大学（University of Chicago），可惜只有入学许可。另一家是匹兹堡大学（University of Pittsburgh），获得教学助理奖学金（teaching assistantship）。

马　就是许倬云教授刚回到美国，到匹兹堡大学任教的时候？

邢　对！他那时候回美国不久，我刚从研究所毕业。申请学校不可能只申请一家。匹兹堡大学有许倬云老师，所以就申请了，而且拿到了教学助理奖学金。奈何当时家里很穷，没拿到全额奖学金，没钱买飞机票。因此，我放弃了匹兹堡大学的奖学金。放弃的另一个原因是杜维运老师（1928—2012）介绍我到政治大学历史系教书，当时硕士论文都还没真正交出就有了工作机会，太难得。因此先开始教书并结了婚（图11）。教了两年，1974年夏威夷大学东西中心到台湾招生考试。申请美国大学，一般要把资料寄到美国去。夏威夷大学东西中心鼓励东西方之间的交流，跟台湾有一个联合奖学金，在台湾招

图11　1979年与妻维红合影于美国夏威夷大学汉弥尔敦图书馆前

生，评核方式包括口试和笔试。文科博士只有一个名额，我侥幸考取。它是四年的奖学金，非常罕有。这个奖学金包括来回机票、学费和生活费，把所有问题都解决了。政治大学又允许我保留职位，请长假去海外读书，我极为感谢。因此，到夏威夷大学一定要在时限内取得学位；要不然，就会失去原有的工作。最后用了五年完成学位。

马　这是相当难得的！五年是相当长的时间，现在应该没有可能了。

邢 对啊！所以很感谢。现在没有了。东西中心能一口气给四年奖学金，不用打工，我只能跟着钱走。另外，还有一个很重要的原因。我是1975年夏天去的夏威夷大学。当时夏威夷大学在美国的排名大概是一百多名，并不是什么名校。没有想到它的图书馆和美国各大学比起来，一点不差，尤其在亚洲研究方面。这颇受益于珍珠港事变后的太平洋局势，夏威夷大学较早成为美国研究亚洲的一个重要基地。夏大历史系聘有很多中国、日本、韩国、印度和东南亚史的教授，买了很多和亚洲研究相关的书，当然也有美国和欧洲史的书。陶天翼老师（1929—2015）就在夏威夷大学教中国古代史和秦汉史，可以跟我在硕士班的秦汉史研究连接。夏大历史系也有希腊、罗马、两河流域和埃及方面的课程，另有古典系开设拉丁文和希腊文等课程。最重要的一点是夏大和东西中心很鼓励学生做东西文化的比较研究。当时东西中心来台招生，要考研究计划。我在研究计划中说明自己到夏大想做的研究和对夏大师资的认识,以及如何与夏大老师的专长结合。这些我都先做了调查,写入研究计划。终于被选上。其实那时并不懂申请美国学校的诀窍,幸好在政治大学教书时结识了一位来旁听我课的美国华盛顿大学的博士生孔为廉(William Crowell)(图12),他教我如何填表,如何写计划。他研究中国中古史,曾游学北京,和北大何兹全教授(1911—2011)相熟,后来在华盛顿大学拿到博士学位。我们成了终身好友。

马 可是,那个年代没有电脑,您怎么知道夏大老师的情况呢?

邢 这是一个好问题!那个时候,跟香港类似,台北有一个美国新闻处(United States Information Agency),专门做文化工作,等于宣传美国文化。美国新闻处图书馆有很多介绍美国各大学的书。在没有电脑的年代,我们想去美国读书的就到美国新闻处去查,哪家大学有哪些老师、开什么课、有什么特点、如

图12 1975年出国,维红与孔为廉(右)送行于台北松山机场

何申请等等。

马　拿到东西中心的奖学金后,您再向夏大历史系申请吗?有没有事先写信给施培德(Michael P. Speidel)教授?

邢　东西中心只考中、英文程度和研究计划,因此我还得向夏大历史系正式申请。那时候都是靠写信,没有其他联系方式。学校收到申请,会把申请资料给相关系所的教授看,看看教授们是否有人愿意收学生。如果先跟对方联络,相关教授就会有个印象,对申请比较有利。但因为已经查过有关资料,知道系里有哪些老师和课程,估计夏大历史系会将我的申请案给施教授看,感觉没必要先写信给他。反而是录取后才写信和他联络。说实在,那时候亚洲学生会去学罗马史的太少,几乎没有。施教授看到我的资料,一定觉得怎会有这么奇怪的人。(笑)我跟施教授读书五年,班上除了美国同学,没有任何其他亚洲来的学生。

夏威夷大学

马　可以请您谈谈跟施培德教授学习的经验吗？他与您在台湾的老师有什么区别？

邢　我觉得是方法。施培德老师（图13）是德国人，是德国弗莱堡大学（Albert-Ludwigs-Universität Freiburg）的古代史博士，受德国传统古典研究严谨的训练。那是自德国罗马史大师蒙森（Theodor Mommsen，1817—1903）（图14）一路相传。这一派非常注重基本训练。施培德教授像蒙森一样，擅长罗马碑铭，专精罗马军事和军队宗教史。罗马墓碑有很多碑主是军人，是军事史的重要史料。我到夏威夷大学的第一个学期，一边学拉丁文，一边上施老师罗马碑铭的课，教材就是蒙森的名著《拉丁碑铭汇编》（*Corpus Inscriptionum Latinarum*）和德劭（H. Dessau，1856—1931）编的《拉丁碑铭选编》（*Inscriptiones Latinae Selectae*），以及施老师自己所释读的、新出土的军人碑铭。我一字一字解读，受用

图 13 施培德教授 2016 年于德国南部 Hohenkrähen 故居

图 14 蒙森画像,Franz von Lenbach 1897 作,
2016 年 11 月 24 日,邢义田摄于柏林德国国家画廊

无穷（图15）。印象很深的是有一回施老师跟班上学生说他读蒙森的《汇编》，不曾找到一个错。德国古典史学的严谨程度，蒙森是标杆。施老师也完全是这一路的学者。

马　在夏威夷大学（图16），除了施培德教授外，还跟其他老师读书吗？

邢　还有古典系教初、高阶拉丁文的两位老师，他们只教语文。另外，就是修历史系的课，譬如希腊史、罗马史、两河流域和埃及史。施教授教罗马史，也

图15　读罗马碑铭上课笔记

开其他古代史的课，我都修读了。

马 语言方面，除了拉丁文，还有别的要求吗？

邢 我原本在台湾修了德文、日文，到夏威夷大学后又继续修德、日文。夏大博士学位要求三门外国语，我顺利通过日文考试，中文免修，拉丁文算第三种，拉丁文考了两次才通过。（笑）拉丁文考试不是历史系负责，而是古典系出题。从第一年开始，读了五年拉丁文，相当辛苦。但写论文要用到拉丁碑铭和文献，一定要学。我也修了希腊文，奈何最后为赶写论文，被迫上了一半后放弃。

马 您修读过陶天翼先生（图17）的课吗？

邢 有的。他是陶百川先生（1901—2002）的公子，一度在"中研院"近史所工作，和许倬云先生同在芝

图16　在夏威夷读书时用橡皮擦刻的藏书章

图17　陶天翼老师，2004年摄

加哥大学修读博士,后来到夏大教书,专治汉代制度史,尤其是监察制度,对文献非常熟悉。我的论文写罗马帝国和汉代军队的比较,必然涉及汉代的军制,正好上他的课,请他指导。记得我的论文稿犯了一个低级的错误,陶老师告诉我汉简中的兵不是士兵,而是指兵器,我才将"soldier"改成"weapon"。由此可见那时我对汉简陌生到什么程度。总之,我的博士论文由两位老师联合指导,一位是汉代方面的专家,一位是罗马方面的。

马 我听说,您的博士论文原来只打算研究罗马。

邢 我原本就想做比较研究。在台湾时曾注意汉唐的边防制度,最初提出的研究计划是希望比较汉代和罗马的边防制度。罗马人为了防备日耳曼人,曾沿莱茵河筑寨建堡,也沿多瑙河驻军。我一直都以为这是计划中的题目。(笑)但后来改了主题。和读硕士的时候一样,到最后阶段才改题目。

　　夏威夷大学和东西中心的一个好处是,它的奖学金不仅让研究生修课、写论文,而且还慷慨资助做田野考察。这是因为夏大有一个大缺点,它位处太平洋中央的一个小岛上,位置孤立,和世界各学术中心都很遥远。学校希望打破孤立,非常鼓励学生到外面去。东西中心也资助学生到夏威夷以外的地方去做田野调查。在我还没有通过资格考试之前,即获夏大资助到美国本土去开亚洲研究协会(Association for Asian Studies)的年会,(笑)一次到俄勒冈州的尤金,一次去波士顿。

通过博士资格考试后,东西中心进一步资助我去欧洲做田野考察。指导老师代我规划出约三个月的考察计划,向东西中心提出,获得全部费用。因此我有机会从夏威夷到美国本土,从西岸到东岸,向当时各校做秦汉史的名师求教,包括张春树、许倬云和余英时等先生。另外,因为施教授是德国人,他的研究同行和相关人脉都在欧洲。他替我安排到英国、荷兰、德国、法国、意大利、瑞士、奥地利、希腊等地参观遗址和博物馆,并一路拜访和罗马军事史相关的教授。罗马帝国边防遗址非常多,需要实地考察才能得到一点概括的认识。我考察英格兰和爱尔兰的罗马遗迹、英格兰北部的哈德良长城（Hadrian's Wall）和位于苏格兰的安东尼长城（Antonine Wall），欧陆调查自荷兰开始，沿莱茵河旁罗马时代留下的寨堡遗址，参观沿途的博物馆和图书馆，拍摄遗物照片。最后由瑞士进意大利，再赴希腊等地，约略花了两个月时间（图18—20）。

马　跑过一趟后，发现题目太大，需要调整吗？

邢　对，题目太大，觉悟原题目没有办法写。题目牵涉太多国家、太多语文，期刊论文多到超乎想象，明白自己能力根本不够。Classical Studies，哎啊！去走了一趟，才知道自己的知识差太远。当时，我已通过资格考试，只剩下一年的时间写论文。不写出来，就完了。（笑）

马　换句话说，您只用了一年时间就完成了博士论文？这很不容易。您的博士论文后来有没有出版？

邢　没有出版。因为我自己非常不满意。当时就不满意，不是后来才不满意。罗马边防的题目不可行，匆忙改题,改成汉代和罗马军队在皇位继承中的角色比较。[1] 这个题目对我来说,轻松很多。主要是因为利用文献,参考一下相关研究就够了,不必太管考古遗迹、遗物。中国古代文献,我又比较熟悉,所以很快可以写出。

为什么不满意呢?一方面是匆忙中考虑问题太简单化,一方面是因为我觉察到,并没有因为做比较研究,得到什么有趣的创新发现。我曾提出了一个框架,指出中国的皇位继承相对来说是一个封闭的体系(closed system),权位继承基本上是一家一姓的"家务",不容外人干涉;罗马受城邦传统影响,权力必经公民同意,由元老院授予,是一个开放的体系(open system)。罗马的长期职业化军队是当时罗马社会最强而有力的"利益集团",军人为了自己的利益不惜干政,杀害或拥立皇帝如儿戏。汉代军队则由农民组成,服役一年,出征临时

---

[1] I-tien Hsing, *Rome and China: The Role of the Armies in the Imperial Succession: A Comparative Study* (PhD diss.: University of Hawaiʻi, 1980).

图 18 1978 年 7 月 16 日与发掘主持人 Dr. Roger Miket 在哈德良长城东端 South Shields 要塞遗址现场

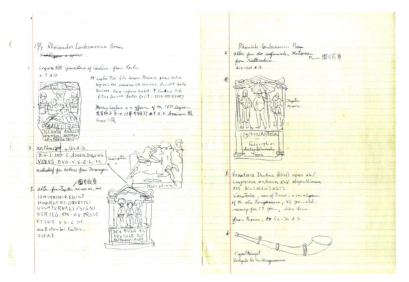

图 19.1 1978 年 7 月 25 日在波恩莱茵博物馆参观时所作笔记及所摄照片

地母神神坛
Nettersheim 出土,公元 212—213 年

罗马三主神(Jupiter, Juno, Minerva)神坛
Birtenbei, Xanten 出土,公元 239 年

米特拉神坛

十八军团军官 Marcus Caelius 墓碑,Xanten 出土,公元 9 年死于和亚美尼亚人的战役,享年五十三岁

图 19.2　2016 年 10 月 9 日再访德国莱茵河塞防，与纪安诺（Enno Giele）合影于 Gemeinde Limeshain 塞防望楼（近世复制）

图 20　1978 年 8 月 25 日在罗马广场断垣残墙之间

命将,事毕,将归于朝,兵归于农,兵、将不素习,形成不了强固长期的利益团体,因此无力,也少有干政的情况。东汉末因长年内外动乱,董卓(?—192)等人长期掌握军队,出现军阀才成了问题。这一对照看起来有趣,其实相当粗浅。说实在,做这样的比较研究有多少意义呢?这背后牵涉的方面太多,完全没有触及,我在一年里能写的都相当表面。当年鼓励我从事比较研究最力的是杜维运老师(1928—2012)(图21)。在夏大写论文最艰苦的时

图21 2011年与杜维运师合影于台北

刻，是杜老师来信打气，才最终勉强完成。我很感谢杜老师，但对所谓的比较研究从此有了不能轻易下手的认识。

马　您写汉代和罗马军队的比较研究是博士论文的延伸，还是从中抽出来的部分内容？您是在博士论文的基础上，继续研究汉朝军队吗？

邢　一些基本想法是从博士论文抽取出来。博士论文基本上是用传世文献，没有真正利用汉简。虽明知有居延和敦煌汉简，却还没能够掌握那个领域。要懂得掌握那些材料，需要时间。汉简对了解汉代军队多么重要！因此，像我这样研究汉代的军队当然粗糙，很不满意。后来回到台湾，进了史语所，就一头栽进汉简的研究，越来越明白博士论文不成啊！所以没发表。只把一些基本想法用中文写了几篇小文章而已，主要是介绍性质，没有什么深入的观点。[1]

1　邢义田，《汉代中国与罗马帝国军队的特色》，《历史月刊》8（1988），页 56—68；邢义田，《从比较观点谈秦汉与罗马帝国的"皇帝"》，《人文及社会学科教学通讯》1.4（1990），页 12—23。修改后分别收入氏著，《治国安邦：法制、行政与军事》（北京：中华书局，2011），页 655—668（转下页）

史语所三十五载

马 您在夏威夷大学五年,毕业后是先回政治大学工作吗?什么时候开始到史语所工作?

邢 是的,因为政治大学保留了我的职位,我心存感谢,也有义务回政大。工作了两年,1982年到史语所,直到2017年七十岁退休为止。

马 一共是三十五年的时间!我们都知道史语所是中文世界里一个从事学术研究最好的地方。可以请您说一下史语所的特点吗?

邢 史语所的环境,就研究工作来说,条件很好。第一,我们的图书馆非常好;第二,没有人分派或指定研究任务,自己想研究什么就研究什么;第三,所中同行多,可随时有很多可切磋和讨教的良师益友。

(接上页)及氏著,《天下一家》,页202—223。邢义田,《罗马帝国禁卫军、地方军团和一世纪前期的皇位继承》,载邢义田编译,《古罗马的荣光Ⅱ:罗马史资料选译》(台北:远流文化出版公司,1998),页585—616。邢义田,《罗马帝国禁卫军、地方军团和一世纪后期至三世纪的皇位继承》,《成功大学西洋史集刊》11(2004),页1—50。

此外，如果有需要，可以提研究计划申请额外的经费，一般就是申请科学委员会或"中央研究院"的额外经费。通常只要认真执行又有成果，申请计划基本上都能获得支持。史语所的研究人员一般来说规规矩矩，据我所知多数申请案都能获准，只有少数例外。

马　除了环境之外，史语所对您还有什么影响呢？

邢　我们这里有很多的会议和演讲，很多访问学者来做研究，交流的机会很多。我们也可以申请经费到别的地方，考察、访问或参加会议，十分自由。

马　您在史语所的时代，所中有很多老师和同辈学者，譬如杜正胜先生跟您的研究方向非常接近。二位之间的交往如何？

邢　杜先生比我早一年进史语所。我进所后，我们因兴趣相近，交流很多。实际上当我还在政治大学教书时，年轻学者间已有一个"食货讨论会"。您知道台湾当时有一个学术刊物叫《食货月刊》吗？除了《大陆杂志》以外，另一个重要刊物就是《食货月刊》。当时，来自不同大专院校、志趣相近的年轻学者和研究生，共同组织了一个"食货讨论会"，经常借用食货月刊社的社址聚会。[1] 杜先生和我在讨论会上讨论很多，这个讨论会对我们那一代学历史的帮助非常大。晚上我们二人，还有一些其他同人也经常在史语所研究室工作，交流实际不分昼夜。我们还曾一同参访考古遗址（图22），一同和一批同侪朋友创立《新史学》期刊。

杜先生曾对孔子生平下过很深的功夫，甚至拍过一部孔子传记的电影。前几年我写孔子见老子画像，[2] 书稿完成后，还没出版，即请杜先生指教。没想到他读后写了很长的信给我，表示赞同和不同的想法（图23）。我们政治上意见不同，却是几十年的

---

[1] 关于"食货讨论会"的运作情况，参王晴佳，《台湾史学史：从战后到当代》（上海：上海古籍出版社，2017），页110—113。并参刘增贵，《下层的历史与历史的下层—台湾"中国社会史"研究回顾—》，载籾山明、佐藤信编，《文献と遺物の境界—中国出土簡牘史料の生態的研究—》（東京：六一書房，2011），页256—257。

[2] 邢义田，《画外之意：汉代孔子见老子画像研究》（台北：三民书局，2018；北京：生活・读书・新知 三联书店，2020）。

图22 1993年与杜正胜（左三）、孙铁刚（左二）同访西安阳陵考古站，由王学理（右二）亲自解说出土陶俑

学术挚友。他对我的批评常常直指要害，得益很大。

马 您刚从美国回来的时候，劳榦先生（1907—2003）还在史语所吗？

邢 我进史语所的时候，劳榦先生早已去美国了。幸运的是，我进所之后不久，劳先生和严耕望先生（1916—1996）先后回台湾，在史语所各待了一年并在台大开课。这太好了！杜先生和我有一段时间，每逢劳先生开课,就陪着劳先生到台大上课,然后再陪劳先生回史语所。(笑)因此,我们有机会上到劳先生的课。我现在还留着劳先生"秦汉史"课的笔记,第一讲是讲汉代的内朝与外朝(图24—25)。后来,严耕望先生从香港来台,也在台大开课,我又去听他的课。算是运气好吧!(笑)

马 您从他们两位身上分别学到什么?

邢 两位前辈风格很不一样。严耕望先生是一位非常严谨的学者。他上课的内容就跟他写出来的论文一样,条理分明,言必有据。严先生把他上课要讲的相关史料,一条一条抄出来,复印后,派发给大家。我到现在还保留着严耕望先生手抄的讲义(图26.1-2)。他依讲义逐条讲解,解读一条史料可以帮助了解下一条,全部史料讲完,结论就"逼"出来了,手法颇似陈寅恪。我们可以看到他的论证过程、逻辑和论点。这应该是前辈先生们传统的做法,非常实在。严先生那年回台,是为撰写中的《唐代交通图考》做最后整理并请人协助绘制书中的地图,一

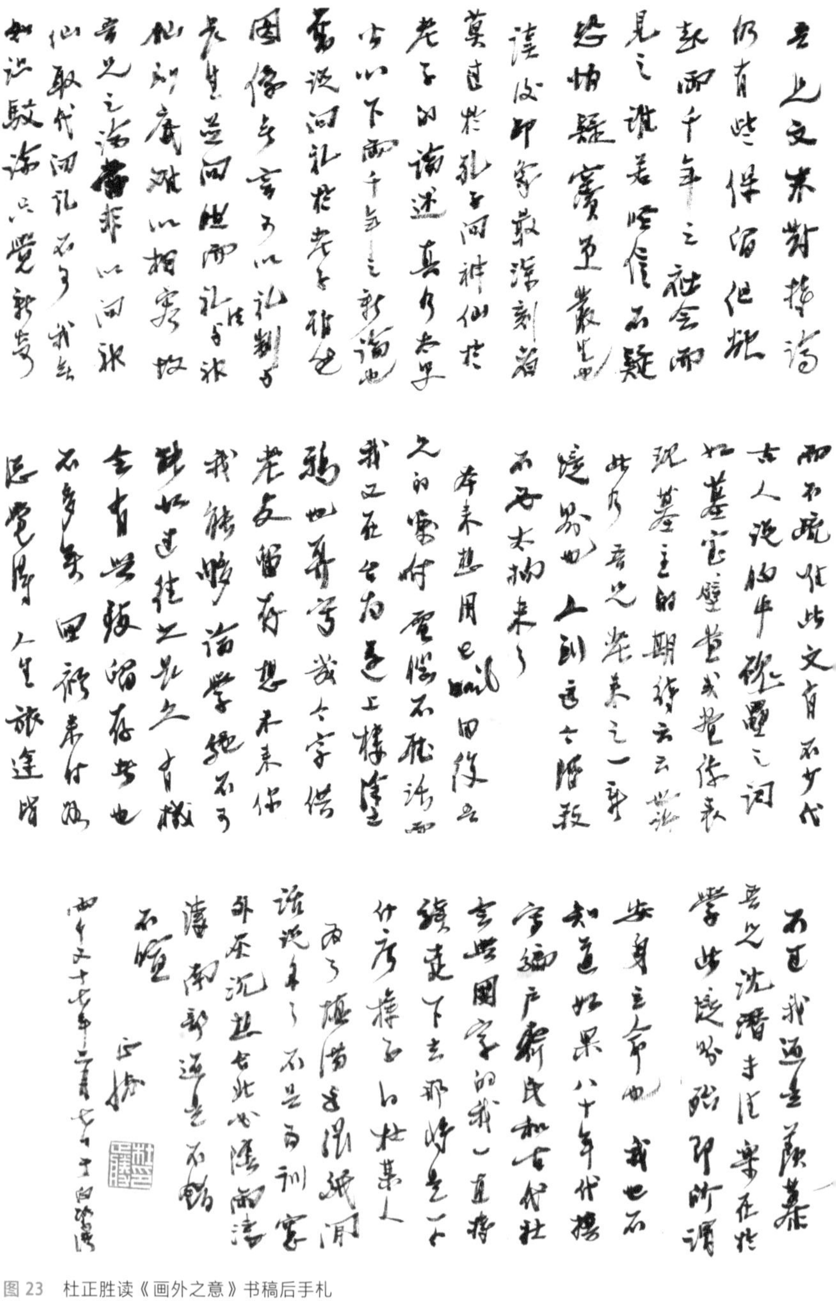

图 23　杜正胜读《画外之意》书稿后手札

义田兄：

承赠孔子见老子画像拓片一帧，至佩。此图及汉代其他画像石墨拓，弟已注意搜集，汉阳陶斋所藏山东画像石最富，弟之所藏，多有赖之。此图恒觉真是生动，当年孔子见老子，诚如此图所写，弟恒觉古人艺术今世诚绝无仅有。至此图流传后世，文献故集之至，世之鉴因此不得吾言不知也。汉世社会思想之渊

子春世兄：

承示现存画像拓片，内有承德所藏画像石，碑此图画像照及手拓细纹各一册，弟受这则甚是注意。此图十三之二与三的关系，诡疑有此数语，是大卷诡中之汉代电后之残损语译，解此摹本另有对遗卷大项可以达是今所见之读跋十三。

水自古独特洛阳者，皆此类也。世上都有不懂汉代画像画的有不好都谢。烟消或无字时而野必读否百年而在矣一

七人的我就是载笔，汉代些此书画为流中鉴代此书多画的李厚白如大作者，论孔子见老子此我加以漠代人的过程如果像

夫粹学派此特承进家，孔子真正问了什么事或老孔子非设有什么是否已老子山文有老

"内朝与外朝" 71年. 21/9 10:10.

"君权与相权" 不赞成此说
  "相" 古为辅助之意. 本无所谓相权问题. 相只是职称. 君相与君相之间是一信托程度的问题. 君可以给相权也可以不给. 也可以加以限制. 可以独相, 多相或属相. 明代废的宰相是宣官. 唐相宰相是大学士. 因"知制诰"而行宰相之实.

  君随时可削夺宰相之职. 尚书原专掌文书记念. 尚书省内
  天子丛务. 近侍为内朝官. 尚书出席外朝但性质属内朝. 征使拽禄
  名尚书多少府. 定属外朝之说不确.

文武吏——分从试吏开始
  文吏——读书, 知律, 掌书, 文吏课践奏
  武吏——学剑, 奉律践知武

文武官皆不清楚到别.

太守基本上是文官.
  徐青, 霍去病大将军, 骠骑将军之号夫. 原来有事则龙. 将军戎内朝官必自汉武帝

阮籍为步兵校尉, 王羲之为右将军. 实非武职.

图24 1982年9月21日劳榦先生在台大授秦汉史,邢义田笔记第1页

图25 劳榦先生八秩大寿,于台北台大校友会馆举行庆生宴,劳先生众弟子、朋友及后辈齐聚一堂自左至右(□代表一位不能确认姓名者,姓名后加"?"表示人和姓名仍有待确认)

第一排 徐玉虎 许倬云 □ 劳先生及师母陶希圣 □ 桑芳云 刘淑芬
第二排 管东贵 丁邦新 □ 王家俭 林瑞翰 张忠栋 吕士朋 张存武 何启民 王寿南 王德毅 文崇一? 金发根 □
第三排 韩复智 吴昌廉 □ 陈捷先 □ 王曾才 杜维运 阎沁恒 □ 陶晋生 陈良佐
第四排 萧璠 鄢又田 孙同勋 毛汉光 杜正胜 卢建荣 郝延平?

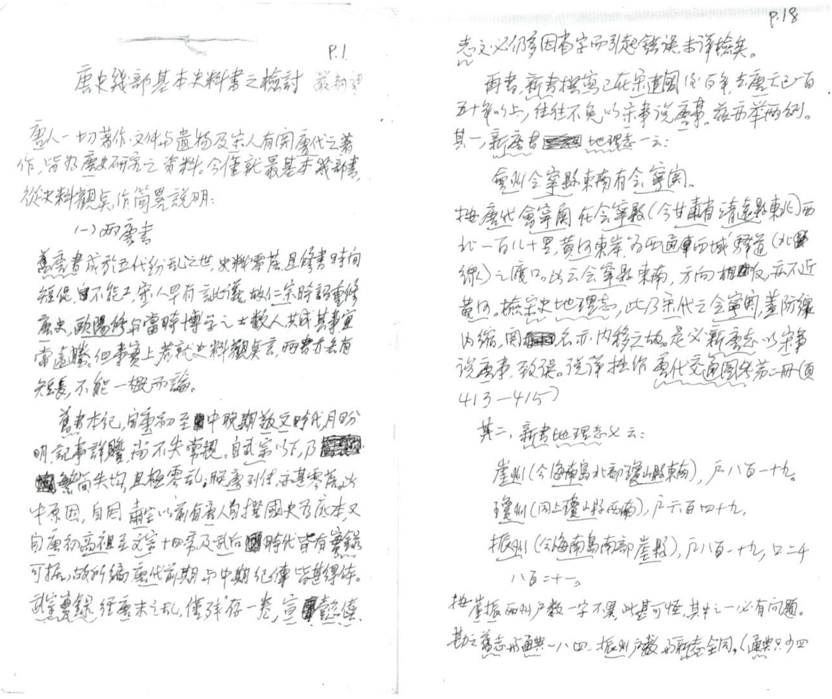

图 26.1-2 严耕望手抄讲义《唐史几部史料书之检讨》影印本页 1、18

本一本地出版。[1] 因此，我们有机会看到严先生怎样

---

[1] 严耕望，《唐代交通图考》（一～六）（台北："中央研究院"历史语言研究所，1985—2003），卷一至五均为严先生于 1985—1986 年亲自整理出版，卷六则由李启民先生于 2003 年代为整理出版。

准备材料上课和出版(图27)。

劳先生呢?劳先生不是。劳先生上课完全不看资料。他的课凭记忆和才气,想到哪儿说到哪儿,有点天马行空。(笑)听劳先生的课,跟听严先生的课,感觉完全不一样。严先生说话安徽桐城口音很重,很多台湾同学感觉很难听懂,但幸好有讲义在手边。劳先生说话,山西口音没那么重,较好懂,但没讲义。学生最好要先读过劳先生的著作,做些准备。因为他讲的都装在脑袋中,所说有很多是他

图27　1999年与严先生合影于台北YWCA

在论文中提过的,如第一讲"内朝与外朝"就是他的名作。如果不先读,就不易把握他讲的哪些是文中所无的延伸发挥,或较精彩的地方。

劳先生回史语所是为出版他的《汉晋西陲木简新考》。[1] 因为陪他上课,注意到他在研究室有很多抄资料的纸片,一叠一叠用回纹针夹着。有一回我向他请教汉代"故事"的问题,他慷慨地让我影印了几页他手抄的纸片(图28.1-2)。这可以从一个侧面看到劳先生准备写论文的方法。劳先生抄纸片,做读书札记,这些纸片应该都有他所理解的顺序,他就根据这些材料写成论文。用电脑之前,我们在史语所做研究,也都是用卡片抄资料,方法基本没什么不同。有一次上完课,杜先生和我陪他回史语所,劳先生一时高兴,在研究室特为杜先生和我挥毫写

---

1 劳榦,《汉晋西陲木简新考》(台北:"中央研究院"历史语言研究所,1985)。

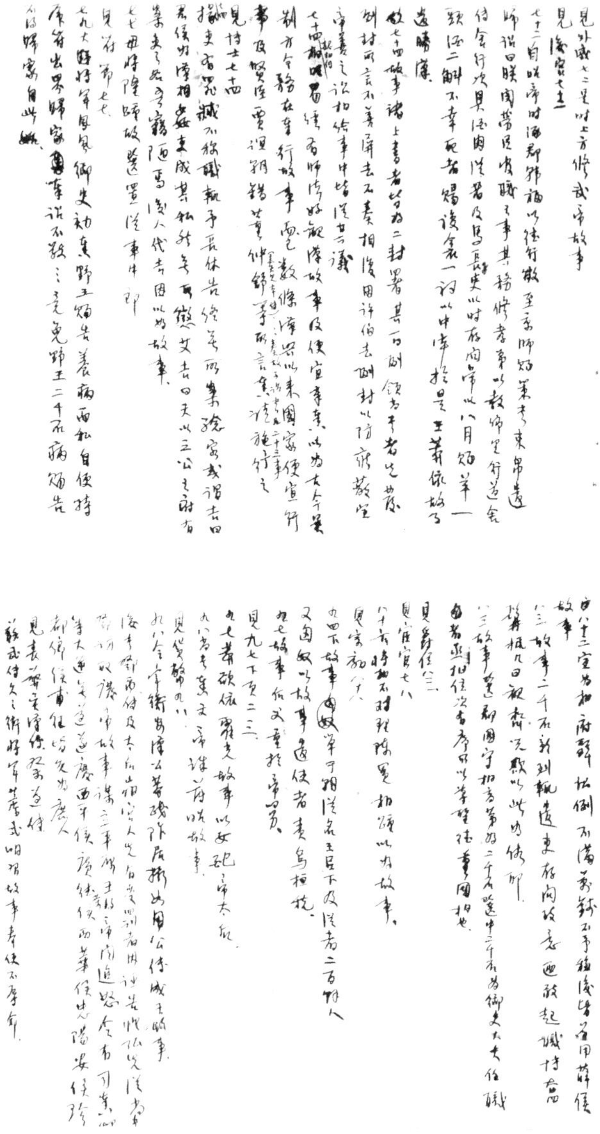

图 28.1–2　劳先生 1983 年 5 月 7 日所赠手抄资料纸片影本举例

赠他自己的五言绝句,相当珍贵。(图29)[1] 我也曾利用他在台期间做过一次录音访问,发表了部分内容。[2]

马 您跟劳先生曾交流过研究汉简的经验吗?

邢 当然有。不是交流,完全是跟着学。他是最早最重要的权威啊!怎能放过机会?他出版《汉晋西陲木简新考》时,我刚进史语所不久,开始学习汉简。他这本书,我曾和史语所同事何大安先生从第一页校订到最后一页。[3] 后来劳先生回美国,我在写居延汉简运美与返台以及整理史语所藏汉画像拓片的过程里,和劳先生通信很多,厘清不少问题,明白他在傅斯年手下曾经手的一些事。

马 校订对您来说就是一个学习的机会。

邢 就是学习啊!我们就像做助手,需要仔细地读他写

---

[1] "午梦微风暖,晴窗燕子轻,林端鹧鸪到,又听唤春耕。"见劳榦,《山中杂咏七首》之二,收入氏著,《成卢诗稿》(台北:正中书局,1979),页57。

[2] 参邢义田,《劳榦院士访问记》,收入氏著,《地不爱宝:汉代的简牍》(北京:中华书局,2011),页342—350。

[3] 并参劳榦,《序》,载《汉晋西陲木简新考》。

牛梦微风暖时窗蕙子轻林端鹧鸪到又睐唤春耕

时至癸亥三月

义田兴贤伉俪雅属 劳榦

的东西，然后跟原简比对；通过"细读"，就知道他的思考逻辑和论点是怎样建立的。然后，说实在话，才发现书中的问题。（笑）这点非常重要。

马　可以请您再谈谈跟史语所其他同事的交往吗？

邢　那时史语所研究秦汉史的同人不少，我与萧璠、廖伯源、刘增贵和蒲慕州都时常切磋，又有各种专题研究室，经常邀外来学者演讲或开会，交往的学者不限于所内。譬如说我负责文物图像研究室的活动。您听说过文物图像研究室吗？

马　听说过。你们还建立了一个很有用的"简帛金石资料库"，很多人使用。[1] 你们应该是比较早做那种资料库的吧？我还记得刘增贵先生在九十年代写过一篇文章，讲电脑在历史研究中的应用。[2]

邢　对！刘增贵先生（图30）是史语所最早学会电脑语言，能够自己写程式的研究人员。他以自写的程式

---

[1] "简帛金石资料库"（http://saturn.ihp.sinica.edu.tw/~wenwu/search.htm，2019.07.04 读取）。

[2] 刘增贵，《电脑在汉简研究中的应用》，《新史学》2.2（1991），页129—138。

图30　2017年冬，汉简工作完成后简牍小组成员同出游，与刘增贵合影

运用在历史研究上，"简帛金石资料库"是他的代表作，也是最早公诸学界、可以任意检索的简帛金石资料库。这个资料库到现在大家都觉得很方便好用。很可惜，后来有很长一段时间缺乏经费去维持和扩充。现在刘欣宁正在增补改建资料库，增强资料库的功能，简影和释文能相互检索或逐字呈现原简字形，并检索不同简牍上相同的字。[1] "简帛金石资料

---

1 "简牍字典"（https://wcd-ihp.ascdc.sinica.edu.tw/woodslip/index.php，2020.11.01读取）。

库"是文物图像研究室统筹下和居延汉简整理工作相关的一部分，文图室还有由颜娟英主持的唐代佛教拓片整理工作、由蒲慕州主持的汉代墓葬资料库、由林素清主持的汉镜铭文资料库。此外，在四五年间文图室举办了近五十场演讲，和其他专题研究室一起推动了史语所和海内外学界的交流。

马　您在史语所与秦汉史以外的同事也有交往吗？

邢　有啊！这是史语所非常好的地方！我们每两个礼拜，会有一个讲论会，所里的同人都会参加。研究人员要轮流做报告，大家一起讨论。我觉得这个传统非常好。

马　能与不同专业的人一起讨论很重要。像我们做秦汉史，常常把很多问题视为理所当然。

邢　这跟参加某个简牍研读会不一样。参加简牍研读会的都是研究简牍或想学习研究简牍的，都是同行。可是，参加史语所讲论会的人来自不同的行道，可以从不同的角度回应你的问题。你讲一个汉简中的问题，他们可以从不同时代、角度反思类似的问题。

有时候，在某一论文或书中有些讨论和材料跟自己关心的问题有关，你不知道或没想到，借交流可获得信息。这个非常重要！在我们学习的过程中，不可能对其他时代的议题和材料都那么熟悉。我有很多论文都是在史语所写的，有些先在讲论会上讨论，有些先请所内外的朋友和学生看过，提供意见，得到非常多的帮助，所以在论文后面常会感谢一长串的师长和朋友。

马 对，我也有同感。跟自己专业不同的人讨论，他们会提一些自己从未想过的问题。可能是与我们自己的知识基础有关吧，有些我们不觉有问题的地方，对他们来说，就是首先要提出的基础问题。然后，我们就可以重新思考自己的研究。

邢 我写好一篇文稿，常先请教大家，不会立刻发表。我也很鼓励我的学生写好一篇东西先请大家给意见。"三个臭皮匠，胜过一个诸葛亮！"（笑）

马 这是很难得的，不是所有学者都愿意接受年轻学者的意见。我想史语所的环境和人事对您的学术应该有很大的推动作用。您是从1990年开始跟大陆学者有较多交流的吗？您的论文常常感谢大陆同行的帮助，像马怡、侯旭东、胡平生、罗丰、杨爱国和郑岩等先生。您可以分享一下与他们交往的经历吗？

邢 这些交流，帮助太大了。为什么是1990年以后呢？因为我第一次去大陆做学术交流是在1990年。那年史语所在所长管东贵先生率领下，组织了一个代表团到北京中国社会科学院的历史所和考古所访问（图31）。这两所有很多老前辈以前是史语所的研究

图31　1990年史语所访问团拜访中国社会科学院考古所合影

人员，是一家人。[1] 当时大家见面都很高兴和激动。自那次开始，认识了一些古代史以及和考古相关的同行（图32.1-2）。后来，由于我多次到大陆考察画像石和简牍或开会，结识的同行朋友越来越多。我们经常通过电子邮件交换意见，也常互传论文，彼此批评，成了学术上的好朋友。您刚才提到的几位都帮助我很多。

---

[1] 同样以"家人"来形容史语所老前辈的，见陈永发、沈怀玉、潘光哲访问，周维朋记录，《许倬云八十回顾：家事、国事、天下事》（香港：香港中文大学出版社，2011），页296。

图 32.1-2　1999 年 12 月 13 日大陆学者参观史语所文物图像研究室及简牍红外线摄影存档设备

第二章

"为己之学":我的学术研究

整体历史

马　您会怎样形容自己的专业呢?或者,您觉得自己的专业是什么?

邢　就是没有专业!(笑)我不喜欢以简牍学家、艺术史家或制度史家自居。(笑)我想象中的历史是一个整体,每一个部分都有关联,所以考虑问题时,不是纯粹从艺术、制度或简牍研究的角度出发。在我脑袋中,所有可以掌握的材料都相互关联。心太野,管太多,落得什么专家也不是!(笑)

马　如前面提到,我发现您的研究很难用某一个范畴去涵盖或界定。虽然说您以秦汉为重心,但您的研究好像又不限于此。

邢　秦汉史是我的基地。然而我的基本态度是问题导向的。假如讨论的问题只牵涉里耶秦简的文字释读，我可以只集中讨论文字本身。如果讨论的是一个中国和域外关系的问题，时段就可能拉得很长，不限于秦汉，空间上更扩大到中国以外。假如讨论的是非文字性或图像性的材料，我脑中的架构也有可能架在中国和地中海之间。（笑）因此，一切取决于心目中问题的性质、要如何处理以及可能用上的材料。

马　所以，您就连明代木牍也曾写过文章讨论。[1]

邢　对，不过那比较特别。那年参加了大英图书馆（British Library）藏汉文简牍的会议。会议完毕后，馆方把馆藏简牍资料的光碟分给与会者，请大家分头写文章。我的考虑是：参加会议的都是简牍专家，譬如胡平生、李均明、张德芳、籾山明等先生。谁写什么事先不曾商量。我猜想他们都可能写和汉简

---

[1] 邢义田，《英国国家图书馆藏明代木牍试释》，载汪涛、胡平生、吴芳思编，《英国国家图书馆藏斯坦因所获未刊汉文简牍》（上海：上海辞书出版社，2007），页 99—115，修改后收入氏著，《地不爱宝》，页 317—341。

有关的部分，大概不会挑明朝木牍下手。（笑）明代木牍也是大英图书馆收藏的材料啊！如果没人写，外界就不知道它们的存在。这么一想，不如由我去写他们不会挑选的部分。

怎么敢去写明朝木牍呢？因为大学时上过夏德仪老师（图33）的明清史，读过一点《明实录》，写过土木堡之变，略知明代边防，而英藏明代木牍内容正和边防制度有关。上明清史时，史语所刚好出版了黄彰健先生（1919—2009）整理的《明实录》。[1] 一般研究明史的主要依据是《明史》《明史稿》《明通鉴》《明史纪事本末》等书。夏老师告诉我们，《明实录》是更原始的材料，很重要。大学修课时有一个习惯，不管老师要不要求写学期报告，我规定自己上每一

图33　夏德仪老师

1　黄彰健校勘，《明实录》（台北："中央研究院"历史语言研究所，1962—1968）。

门课都要找个小题目,练习写一个不算论文的论文。当时觉得要写点什么才能学会写作,最少可以就某个问题做点整理。因此,我就问夏老师:"《明实录》出版了,该怎样读?"大三的学生哪知道该如何去读一大套上百册的实录?正巧,课中讲到正统十四年(1449)英宗(1427—1464)率军征瓦剌。夏老师建议可以试做史料比对,看看《明实录》和《明史》等书怎样记载"土木之变",看看记载的差别在哪儿。我逐字读《明实录》相关的部分,发现《明实录》居然记录了英宗每天的行程,比其他书都要详细得多,也和其他书有出入。再找了一本地图,把英宗走过的路线、地点据地图标注出来(图34),将记载上的出入列成表,成为一篇习作。这个经验对我后来研究帮助极大。这是我第一次体会到史料有层次,传世文献经过层层抄纂改编,绝不能都当真,不经鉴别,拿起来就用。这篇大三的习作竟成了我最早发表的小文章。[1]

---

[1] 邢义田,《据〈明实录〉校正〈明史〉等书所载"土木之变"之误》,《史绎》4(1967),页97—104。

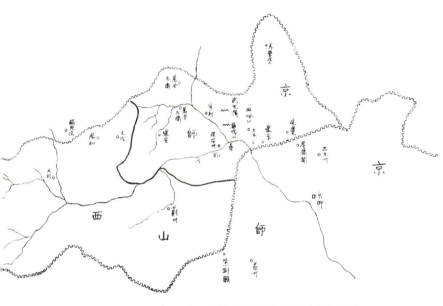

图 34　大三习作《据〈明实录〉校正〈明史〉等书所载"土木之变"之误》所附手绘地图

马　确实很难把您划分为某一个范围的学者。像您所说,有需要的,您会往前看,或往后看。

邢　历史是一个整体,这观点是受许倬云老师的影响。许老师比喻历史像颗多面的粽子,政治、社会、经济、思想各面相互关联,构成一个整体。我不想自我局限在粽子的某一面,不想成为某一面的专家。

传统中国的"变"与"不变"

马　您与杜正胜先生都研究从春秋战国到秦汉一段的历史,但您二位的看法非常不同。杜先生的著作《编户齐民:传统政治社会结构之形成》强调这段历史中的"变",[1] 您却强调变中之"不变"。您是如何察觉到此一问题?又是如何着手研究的?

邢　这是我后来的看法。印象中沈刚伯老师编写的高中历史课本早已强调春秋战国的变动。大学时上李济和许倬云老师(图35)的上古史,讲的就是春秋战国时期的"变"。许倬云老师应曾受李宗侗先生(1895—1974)的影响,讲春秋战国时期的阶层变动,平民阶层上升、贵族下降等等。[2] 当时,我们身为学生,基本上都受老师们的影响,我也上

1　杜正胜,《编户齐民:传统政治社会结构之形成》(台北:联经出版事业公司,1990)。

2　Cho-Yun Hsu, *Ancient China in Transition: An Analysis of Social Mobility, 722–222 BC* (Stanford, CA: Stanford University Press, 1965). 李宗侗,《中国古代社会史》(台北:华冈出版公司,1954)。

图35 1987年拜访许倬云师于美国匹兹堡

过李宗侗老师的课。杜先生后来讲春秋战国的大变动,强调变动应该说是一个存在已久、影响很大的观点。那时强调变动,有很大成分是对一度十分流行的"东方停滞论"的反动。从亚当·斯密(Adam Smith,1723—1790)到马克思(Karl Marx,1818—1883)等西方学者曾大谈东方社会从印度到中国如何停滞不前。这激起中国学界不同的回应,这里无法多谈。

大变动这观点并没有错，春秋战国的变局不容否认，我从不否认。不是跟您说过我非常喜欢读先秦诸子书吗？我注意到周代封建崩溃以后，老子、墨子、荀子、韩非和庄子等人都提出自己对建立天下新秩序的看法。这是先秦诸子的一个共同关怀：要从封建崩溃回归天下一统呢，还是走别的道路？这个新世界到底要像儒家一样鼓吹回到三代那样的黄金时代，还是像老子向往的小国寡民？或如韩非说的，应该与时俱进，时移则事异？要"法先王"，还是"法后王"？荀子就主张"法后王"，不要"法先王"。孟子忧心天下不归杨则归墨，主张天下应定于一。也就是说先秦诸子纷纷推销不同的方案给诸侯，诸侯可有不同的选择，华夏大地一度似乎有可能走向很不相同的道路。只有在分崩变动、一切未定的时代才可能出现思想上的百花齐放，百花齐放也反过来证明了变局的存在。最后秦汉相继一统天下，中国从此被既定的格局框住二千多年，失去了改变政治社会基本格局的可能。

第二章 "为己之学":我的学术研究

　　秦汉建立以后,学者多认为封建成为过去,专制官僚帝制出现,历史像是断裂了一般。但我始终想不通一点:孟子说"民为贵,社稷次之,君为轻",力主老百姓最贵,可是再一想,秦汉以后老百姓仍然仅仅是帝王口中的"黔首"或"齐民",一点也不贵。天下大权像封建时代一样,仍然在一家一姓的手里。老百姓何曾翻身做主?日出而作,日入而息,完粮纳税,做牛做马,老百姓在秦汉帝制下和在封建制度下,"黎民""黔首"或"齐民"的身份和地位何曾有什么真正的差别?

马　您是什么时候开始有此看法?是在写皇帝制度的时候开始的吗?[1] 那就是在八十年代已经开始?

邢　对啊!其实早年最感兴趣的是皇帝制度。我一直在思考应该把皇帝制度放在怎样的历史脉络中去理解。譬如说,秦始皇(前259—前210)创立了"皇帝"

1　邢义田,《奉天承运——皇帝制度》,载郑钦仁主编,《立国的宏规——中国文化新论·制度篇》(台北:联经出版事业公司,1982),页39—87,后修改成《中国皇帝制度的建立与发展》,收入氏著,《天下一家》,页1—49。

的新名号，应该怎样去理解它。以前的人都说这象征了一个新时代的开始，因为天子已成为过去，现在有了皇帝。可是我发现秦始皇并没有放弃天子的称号，周代封建下一些核心概念和符号也延续未变。例如关键性的天命观——合理化（justify）一个政权最重要的理论基础，一点不见动摇或被其他理论所取代（图36—37）！

马　您的意思是政权正当性（legitimacy）的基础没有实质的改变？

邢　我认为是这样。"提三尺剑"，"斩白蛇"，实际上是枪杆子出政权！毛泽东说的没错。周天子灭商，血流漂杵，不就是靠枪杆子？这是政权正当性最真实的基础。不过搞革命还须包装一件美丽的外衣。黄巾起事号称"苍天已

图36　秦公簋铭"天命"二字

图37 东汉建和二年汉司隶校尉杨君颂"高祖受命"

死,黄天当立",所谓黄天当立就是依据天命和五德终始说编织成的外衣。这类外衣从商周以降到明清,不曾根本性改变过。

马 非常同意。秦始皇也要做很多政治宣传(propaganda),比如他留下的刻石。我们看到关于秦代的记录,多数是汉代人流传下来的,所以倾向把秦代写得特别负面。事实上,秦代有很多东西来自西周,现在很多考古发现也证明秦对西周文化的继承。[1]

邢　您说的很对。传说中秦始皇想得到周的九鼎就是例子。九鼎是天命和统治权力的象征。始皇"泗水捞鼎"的故事正说明此事。[2] 如果真是一个划时代的新帝王或政权,应该另立一套正当性的新理论或说辞,不管神话也好,什么也好。秦始皇反而上承西周,拼命求周鼎,不是正好证明他仍在封建的老套里打转吗?

　　天命一说影响中国太大了。当某种政治理论或制度一旦建立并稳定,就会倾向于排斥其他的理论和制度,使历史不易走上别的路子。譬如说,先秦诸子书里曾出现一种很流行的理论叫"禅让",强调天下不是某一家一姓的,是有德者、有能者的天下。真正好的帝王不一定要把天下传给自己的儿子,而

---

[1]　秦代的考古研究,参 Yuri Pines et al., eds., *Birth of an Empire: The State of Qin Revisited* (Berkeley: University of California Press, 2014), part I。
[2]　参邢义田,《汉画解读方法试探:以"捞鼎图"为例》,载颜娟英主编,《中国史新论·美术考古分册》(台北:联经出版事业公司,2010),页13—54,修改后收入氏著,《画为心声:画像石、画像砖与壁画》(北京:中华书局,2011),页398—439。

是传给才德兼备的人。从某个意义上说,这就开创了另外一种可能性——天下大位在"德"不在"天命"。禅让论可以说是先秦政治理论上的一大突破。但秦汉一统,天下回归一家一姓。民贵君轻和诸子禅让这一套不受当权者欢迎,鼓吹这一套的甚至会招来杀身之祸。[1](笑)简单来说,秦汉以后,历代都在几乎同一格局的帝制中循环。改朝换代不过是换一家人当皇帝,南北朝时有人说是"将一家物与一家",如此而已。

由此也可知,中国自商周以降不存在今人所说的民主。"民主"一词老早在《尚书》里即已出现,它的意思是君王为人民之主,而不是人民作主!我曾读过一点点古典希腊城邦的历史,中国古代与古希腊的对比太强烈了!古代世界本来可有,也曾有各种不同形式的政治体制:权力可以在一个人手里,也可以在一小撮人手里,还可以在众人手里,都曾

---

[1] 邢义田,《中国皇帝制度的建立与发展》,页17—18。

发展出不同的政治体制。就希腊的城邦政治来说，在一个人手里就是王权制、寡头政治，在一群人手里就是贵族政治，在众人手里就是民主政治、公民政治。希腊城邦林立，体制多种多样，同时并存。雅典、斯巴达、柯林斯和希腊世界以外的埃及、波斯体制即大不一样。可是中国自商周以后，严格说只存在一种"在余一人"的体制。（笑）春秋战国思想一度解放，诸子各逞异说；秦汉一旦一统，万马齐喑，众说归零。封建礼乐的建筑师——周公，借一套以他为名的《周礼》，仍能为秦汉以降新时代的士大夫和君王们筑梦，从王莽（前45—23）、苏绰（498—546）、王安石（1021—1086）到光绪（1871—1908）和戊戌诸君子都活在这个梦里。其他的梦，例如君王乃转轮王，即佛或弥勒降生，这些梦乍兴而衰，[1] 或被打成邪教，或沦入地下，遭正统

---

[1] 曾兴盛于北朝和武则天时代。参康乐，《转轮王观念与中国中古的佛教政治》，《"中央研究院"历史语言研究所集刊》67.1（1996），页109—143。天王乃上帝之子一说仅见于太平天国时期。

或主流势力全力打压排挤。

马　这个观点正好与杜先生的相反。

邢　就长时段来看,我和杜先生应该也没有那么大的不同。他谈春秋战国那一段比较多而已。

马　谈到春秋战国时代变中的"不变",除了皇帝制度以外,您也从乡里聚落的角度谈到其中的延续性。这个角度是从什么时候开始发展的?

邢　说起来,这跟许倬云老师有关。他当年回台湾,非常强调研究社会经济史。他自己研究社会史,后来又写了汉代农业。[1] 要谈中国社会经济,农业就是基础。很多前辈包括齐思和(1907—1980)早已说过,春秋战国时代的农业技术有飞跃的进步,如施肥、牛耕和利用铁器,生产力增加,土地开发,人口增长,奠定了后来统一帝国最重要的经济基础。这些发展确实重要,我认为同时也该注意到中国农业生产和技术以及聚落形态,在此后两千年没有什么重

1　Cho-Yun Hsu, *Han Agriculture: The Formation of Early Chinese Agrarian Economy (206 BC–AD 220)*(Seattle, WA: University of Washington Press, 1980).

大的变化。

农具和农作物几乎千年不变。北方以粟、麦和小米,南方以稻米为最重要的农作。这些农作需要的人力和水利资源以及耕作方式,两千年几乎像静止一般。因此,我才去写了那篇谈农具的文章。为此我曾参观农业博物馆,参考历代农书中所列的农具及其使用方法,甚至参考近年的照片,觉察到从汉代到近年,在某些地区仍惊人地相似(图38.1-2)。[1] 不得不说,中国农业社会的基本特点是它的延续性大于变异性。什么样特性的社会就会有什么样的政治体制。延续性这么强的社会能产生怎样的政治体制呢?不难想象。所以说有变化,当然不会一点变化都没有;但是变中有更多基本性的不变。这是我想强调的。我认为这些基本性不变的部分才构筑了这一政治、社会、经济、思想文化体制的底色,

---

[1] 邢义田,《一种汉晋河西和边塞使用的农具——"钂(樰)"》,《简帛》第11辑(上海:上海古籍出版社,2015),页191—205,修改后收入氏著,《今尘集:秦汉时期的简牍、画像与文化流播》(上海:中西书局,2019),页553—575。

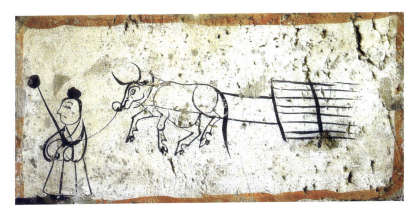

图 38.1 甘肃高台出土魏晋画像砖上的耱田

图 38.2 2015 年甘肃民勤的耱田

也是最具特色的部分。

我谈这个问题,虽然以春秋战国到秦汉为主,脑袋中是把两千年当作一个参考框架,从一个比较大的角度去谈它的不变。当然我或许受到年鉴学派(Annales School)的影响,要看"长时段"(longue durée)生活中最基础的元素。这也是为什么这么多年来我做了些基层社会的研究。像早先跟您说的,我关心的一个问题是社会阶层之间的流动,包括上层精英社会与下层平民社会的关系;另一个则是中国跟域外的关系。

古代社会的"上层"与"下层"

马 这个上、下层的关系,与余英时先生说的大传统和小传统有关吗?[1]

---

1 余英时,《汉代循吏与文化传播》,收入氏著,《中国思想传统的现代诠释》(台北:联经出版事业公司,1987),页167—258。

邢 也有关系,概念不一样,大小并不一定对应着上下。古代西方社会结构比较清楚,我们不难看到上下阶层的不同。古代中国社会跟西方社会相比,阶层或阶级性不是那么严格。相对于西方古典世界,中国自秦汉以后,社会上下层的流动比较多。希腊和罗马都是阶级比较分明的社会,城邦公民的身份是以财产和部(或译部族 tribus,tribes)划分,例如在罗马城邦形成的过程中,较早加入最初的四个部、财产又多的人属上层,少的属中下层;后来随着扩张和人口增加,部数增加,依据同样原则分上下阶级,各阶级有不同的名称和对城邦的权利义务,改变身份很不容易。流动性不能说没有,但不强,阶级意识比较明显。例如罗马共和早中期,下层阶级的平民会团结起来,多次以集体退出罗马为要挟,向掌权的上层要求立法保障阶级权益。共和末期有很多元老阶级的贵族因内战而破产,奥占斯都为了维持这一统治阶级,努力增加元老成员,帮助他们恢复阶级上必要的财产数量。骑士阶级的人可因经商致富，政治和社会地位基本上却低于元老阶级一等。普罗阶级更低一等，更难翻身，几乎无望晋身上流。阶级不平等、矛盾和冲突长期累积，最后酿成共和末的动乱。马克思从阶级意识讲阶级斗争，即基于对希腊罗马社会的分析。如果西方社会阶级比较流动开放，阶级意识可能就不会那么强烈。

马　什么因素导致中西社会有这种区别呢？

邢　就某些方面看，秦汉体制是一个了不起的体制。它将原本周人以征服者之姿、为巩固征服者利益而建立的封建体制，转换成一个具有泯灭征服者和被征服者界限的、非征服性或者说编户齐民的体制。周人为维护征服者的利益，以封建严格区分统治者和被统治者，阶级一度严格分明。可是从春秋战国以降，封建阶级被打破，布衣可以为卿相，平民俊秀可以凭才德配六国相印。这是许倬云老师强调的社会流动。中国社会的基本结构自秦汉以降变成最上层是一家一姓的帝王，中层有官僚士大夫，下层为齐民百姓。齐民百姓依靠才德，不是财富或家世，来争取向上流动，不管是通过举孝廉，还是入官私学校；不论是秦人或六国人，优秀者都有机会上升为官僚士大夫。这种流动和开放性是古代其他文明社会少有的。或许正因为这种开放，允许较大的流动，体制中的芸芸众生可有上升做官、分享体制利益的机会和盼望，因此社会精英不是那么急于改变或推翻，而是进入并维护这个体制。这一体制相对于其他文明的政治体制要稳定得多，竟能长存两千多年。

马　我基本上是同意的，但我有另外一个想法：秦汉时代其实只有少数人有机会读书。

邢　当然是少数。古代社会有机会读书的都是少数，希腊、罗马也是这样。印度只有婆罗门和刹帝利阶级能读书，也是少数。古代两河流域和埃及留下很多泥版文书和莎草纸文书，能写字的不也是少数？

马　希腊、罗马还有一个特别之处：那时候有很多奴隶，他们可以读书，但终身只能为奴。

邢　至少在罗马时代，可以根据法律解放，把奴隶身份解除掉。虽然还有为主人服务的义务,但不再是所谓的奴隶,应该说是解放奴。实际上,领导罗马政府的是少数的贵族,如元老阶级,身旁帮助他们管理的都是奴隶或解放奴。这些人跟一般农庄中从事生产活动的奴隶不一样。罗马时代有很多希腊奴隶甚至是学者。希腊的城邦虽然被罗马征服,但罗马人很喜欢希腊文化,如文学、哲学和科学等,罗马人依赖希腊人,让他们做罗马人的老师。希腊人被征服,很多人成了奴隶,但他们的地位很高。奴隶身份可以被解除,可以继承财产,可以有家庭,生的小孩可以变公民。罗马贵族有自己的庄园,不是自己管,都是由奴隶或解放奴去管理,商业也在他们手里。罗马诗人贺拉斯(Q. Horatius Flaccus,前65—前8)说:"野蛮的罗马人征服了希腊,却又被希腊所征服。"这句话可以从很多角度去理解。中国的情形不一样,秦汉所谓的奴婢基本上是家内奴(servants),农业生产的主体是编户小农。

马　我觉得,因为您有研究罗马史的背景,所以您看秦汉的问题跟很多学者不一样。能否多谈一点古代中国社会上下层之间的关系？

邢 我一直考虑一个问题：社会阶层流动。从前读许倬云先生的书，讲到这个问题。那时候其他一些社会科学的书也讲社会阶层化（stratification）的问题。我就好奇一个社会中的文化到底分几层？是下层影响上层，还是上层影响下层？我当然假设两种都存在，事实上也是两种都存在。中国从先秦开始讲布衣卿相，下层的人可以从社会底层上升，从被治者变成治人者。对不对？

马 这就是许倬云教授的主要论点。

邢 对啊，包括钱穆（1895—1990）也是一样。钱穆的《国史大纲》说刘邦（前256/247—前195）建立的是"平民政府"。[1] 学生时代曾觉得很对。后来发现真的是平民政府吗？中国真的像西方社会科学或马克思讲的有阶级意识（class consciousness）吗？很

---

[1] 钱穆，《国史大纲》（北京：商务印书馆，1991），页128—130。

多问题在我脑海中打转。我接着问,到底是上层精英影响下层平民,还是下层影响上层?一直到今天这还是关心的问题。

马　那您现在的想法是怎样?

邢　在中国其实上层影响下层的现象较明显,相关资料也较多。老百姓从来是沉默的多数(silent majority),没有多少自己的声音,也扮演不了关键的角色。近百年来大家喜欢谈农民"起义",建立这个那个农民政权。看看那些起义的农民一旦掌权,有谁不接受曾被自己推翻的上层那一套?他们有谁因为自己曾是农民,出于阶级意识或阶级感情,进而建立一套代表农民利益的新体制?有吗?没有!姑不论相互许诺"苟富贵,勿相忘"的陈胜(?—前208)和吴广(?—前208),以"苍天已死,黄天当立"为号召的黄巾、屠蜀的张献忠、"迎闯王,不纳粮"的李自成和拜上帝的洪秀全都没有。张献忠和李自成闹分裂,据说是因攻下凤阳后争夺宫中俘获的太监和鼓吹乐器;李自成攻下北京后大事改制设官,却没有摆脱明朝那一套。太平天国的天王们一旦变成天王,很快化身旧贵族,三妻四妾,纸醉金迷。总之,中国传统所谓的文化,基本上是以上层精英阶层的文化为文化,不断吸引着下层仰慕欣羡的目光。

近代历史理论中有一种叫"由下而上",从下层看历史(history from below),也有很多人这样去做研究。[1] 我也多少受到影响。但是第一,历史上沉默的多数本来就没留下多少声音;第二,我们能见到的历史记录,几乎都出自读书人之手,他们都不是真正的下层百姓。有时读书人也会说说市井小民的愿望,发抒小民的不满,但毕竟不是出自小民之口。钱锺书先生(1910—1998)选注宋诗,搜集了很多这类材料,但都不是小老百姓自己写的。俚曲民歌可以反映小民的心声,可惜声音随风而逝,无迹可求;戏文话本口传为多,抄成文字能流传的也极少极少;如果要找小老百姓的声音,反而在石匠、

---

[1] 这种研究取径,参刘增贵,《下层の历史と历史の下层》,页261—265。

画工、陶师等所遗留,非声音性和非文字性的壁画、石雕或陶瓷等器物作品中可以析离出一二。当然在他们的作品里,也可以清楚看到上层文化和意识形态无所不在的痕迹。

中国社会的"封建化"

马 您在2011年出版四册文集的时候,写了一个长序,对自己的学术研究做了一个概括的总结。[1] 今天,大概是九年之后,它还能代表您的想法吗?

邢 基本想法没有改变。我还是认为"封建"在传统中国没有完全死亡。周代封建制是一个典范(paradigm),如同古希腊的城邦制是另一种典范;它们的框架和背后的思想对后代具有长期的笼罩性。从这一角度看,也可以说传统中国两千年是在一个由上而下完全"封建化"的过程里。(笑)

---

[1] 邢义田,《序》,载《天下一家》。

为什么这么讲呢?封建时代,周王是王又是天子,其下诸侯有国,大夫有家。天下、国、家原来都是统治阶层用的名词和概念。可是秦汉以后,秦始皇虽创皇帝之号,还是自称"天子",郡县则像"国"一样。如果去读严耕望先生的书,他特别提到,即使在郡县时代,一个郡的司法、行政、财政、军事权力其实多集中在郡守手里,有印象吗?[1] 基本上除了不能世袭,这跟一个国君或诸侯王,有什么区别?汉朝初年有所谓的"郡国并行制"。后来的"国",虽然理论上消失或被削弱,但是汉代地方官员权力之大,像一方诸侯一样,远远超越后代。这就是我刚才说的放在一个长时段,不单看秦汉,秦汉时代的君王和地方官员为民之父母,和周天子一样。有水旱之灾,都要祷祝求雨止雨,背后"在余一人"的意底牢结(ideology)千年一贯,直到近代!1944年夏鼐先生考察中国西北,日记中提到敦

---

[1] 严耕望,《中国地方行政制度史甲部:秦汉地方行政制度》(台北:"中央研究院"历史语言研究所,2006),页77—97。

煌县的宋县长因旱,下令禁屠,自己戴着柳条帽,赤足,五步一拜,率领当地绅亲,赴月牙泉取水求雨。[1] 今年(2021)台湾大旱,各地庙宇行祭求雨,地方首长也随众进庙烧香。

郡县地方首长以下,以前是大夫有家,现在是齐民百姓也有家,所以有所谓的"家人言"。《汉书·儒林传》说老子的话是"家人言耳",就是讲一般平民之言。这个"家"本来是一个贵族的象征,可是老百姓现在居然有"家",这不正反映封建时代的一些名词和概念,现在往下延伸了吗?以前只有贵族有爵,但是秦的平民可凭军功享有二十等爵,这个"爵"是不是也往下延伸?以前只有贵族可以当兵,现在平民也可以当兵。上层的一些价值,使用的一些政治符号,其实也是往下扩张,把齐民百姓包括进去。周朝封建体制"家—国—天下"的核心结构特征,以及两周战国以来以忠、孝为核心的

---

[1] 夏鼐,《夏鼐西北考察日记》,(北京:社会科学文献出版社,2018),上册,民国三十三年(1944)五月二日条,页59。

价值体系支配传统中国足足两千年。一直到现在,还有人将政治领袖看成"大家长",称中央和地方首长为"父母官"。"忠党爱国"和"为民族尽大孝"这类话不是仍时时回荡在耳边?这可以说是人类历史上的一大奇迹。

儒家地位的反思

马　另一个相当有意思的问题,是您对汉代儒家地位的反思。譬如您写孔子见老子,以及通过《奏谳书》的"和奸案"看法律的儒家化,反思儒家在汉代的地位。[1] 一般的说法是汉武帝(前156—前87)罢黜百家,独尊儒术,然后儒家取得正统地位。您这些看法是怎样发展而来?

1　邢义田,《画外之意》;邢义田,《秦或西汉初和奸案中所见的亲属伦理关系:江陵张家山二四七号墓〈奏谳书〉简180—196考论》,载柳立言主编,《传统中国法律的理念与实践》(台北:"中央研究院"历史语言研究所,2008),页101—159,修改后收入氏著,《天下一家》,页489—539。

邢　前面说过，我大学时很喜欢读诸子百家，注意到儒家只是百家中的一家。后来大家受到传世文献的影响，认为汉武帝独尊儒术，百家都被收编到儒家的旗帜之下。针对这个问题，我对汉代史料有些反省。今天读秦汉史基本上都利用四史等传世文献，把它们看成最重要的史料。可是就像现在流行的史料批判一样，对文本要有所批判：谁写的？士大夫写的。写给谁看？给士大夫看。这批书写者和阅读者有他们特殊的背景和观点，简单地说是从一个儒生士大夫的角度，据特定的意识形态或思想体系去诠释历史。例如儒生出身的班固（32—92）写《汉书》，不自觉地放大了儒生的角色。在他笔下，儒生怀抱经典和理想，于两汉之际一步步走上权力的舞台，成为历史转移变化的重心。

举一个个案为例吧。董仲舒（约前179—前104）在班固笔下，明显被放大，被捧成一代儒宗。《史记》列董仲舒于《儒林传》，传文仅三百余字；《汉书》为董仲舒单独立传，达七八千字，更收录了他上武帝的"天人三策"。此策《史记·儒林传》一字未收。据《汉书·董仲舒传》,汉武帝看完三策好像听从了董仲舒复古更化、尊崇儒术的话,儒家就独尊,百家就罢黜了。后来的人受到影响,又没有别的文献可参照,自然也就认为是如此。冯友兰(1895—1990)写《中国哲学史》,分汉武帝之前是"子学时代",以后为"经学时代",就是一例。可是真是这样吗?仔细一看,武帝读完董仲舒三策,没把他当回事,下放到江都国去当江都相。江都国在今天江苏扬州一带,离长安"十万八千里"。武帝却把看上眼的司马相如(约前179—前117)、东方朔(前154—前93)等人留在身边。两相对照,即知武帝怎么看待董仲舒。儒家在武帝时何曾独尊?百家何曾从此罢黜?不是那么简单。

班固又说董仲舒以《春秋》断狱,似乎造成风气,连廷尉张汤这些法吏都随风"乡(向)学",断案也要点缀两句古书。朝廷有大狱不能决,张汤得去董仲舒家里讨教。近代有些学者由此认为自武帝开始，汉代法律走上儒家化的道路。非常有意思的是，近几十年来，秦代和两汉的法律条文与司法案例简牍大批出土，迄今却无法在任何出土的司法案件中，找到一星半点可以证明依据《春秋》或其他儒家经典断狱的痕迹。是证据还待出土？还是班固夸大，误导了我们两千年？值得大家继续留意。

我关注基层社会的一般百姓，以及上层精英文化与下层平民社会怎样互相影响，才会去注意图像材料里的"孔子见老子"，希望发现精英分子崇奉的孔子，在工匠手里是什么面貌。我想了解：为何"孔子见老子"这一母题（motif）在汉墓图饰中会这么受欢迎？虽然墓主很多是号称读儒家经典的地方大小官员，他们对人生的想象和期待跟传世文献中呈现的一样吗？答案是：不全一样。人到临终都不免关心生命的去处，死后会如何？而生死问题孔老夫子避而不谈。他说："未知生，焉知死？"大家读《论语》就知道。可是每一个人都要面对死亡，都会有好奇、想象和焦虑，这是一个普遍性的问题。

可是孔老夫子和儒家经典偏偏避而不谈。

秦汉时代的人或活着时即修墓,(笑)或求仙求不死,抱着一丝希望。秦始皇和汉武帝一边求仙,也一边修陵墓,实际上心里都明白没有谁能够逃过死亡。大家都不免要问一些终极的问题:死了以后到哪里去?有来生吗?来生会如何?我发现在汉墓图饰中,老子在一般人的想象中反而比孔子更重要。

汉人相信老子掌握着长生久视和成仙不死之术。道教奉老子为教主,教人如何长生、炼丹或求仙,即便死了,也会尸解成仙。佛家断言人有来世,来世祸福是基于今世的善恶。人会受审判,恶人下地狱,好人进极乐世界。佛弟子诚心修炼,可以脱离轮回,进入涅槃或成佛,永世不灭。这些都给了人们一个飘渺但永恒的希望。儒家关注今生今世,不谈死后。相比之下,儒家明显有局限性,难以抚慰人心的渴望和焦虑;老庄、佛道在这些人生的重大方面,弥补了儒家的不足。东汉中晚期以后儒学渐衰,老庄、佛道转盛,这是一个原因。

马　即使宋代以后，也是如此。

邢　此外，在汉代墓葬中有很多跟底层社会信仰有关的，就是巫祝信仰。巫祝信仰是中国最基础的信仰，从商代甚至先商的巫开始，这一路信仰的力量太大。汉代墓葬图饰中有很多我们至今叫不出名字的神灵和奇禽异兽，都不是随便的刻画，背后应该各有特定的意思。它们代表什么虽不甚了了，但可以推想它们和人的祸福吉凶有关。汉代人不分阶层上下，都热衷于算日子，趋吉避凶、求神问卜，预测不可知的命运。这些焦虑和愿望，十分根本，一直到今天还是这样。

　　巫祝以及秦汉以降所谓的方士或术士，以回应这些焦虑和愿望为业，生意兴隆。据说汉代男女不耕不织，纷纷改行当巫祝，《盐铁论》说多到"街巷有巫，闾里有祝"的地步，他们此后在中国社会从不曾消失。这部分该不该注意？当然应该注意。梁漱溟先生曾说中国是理性早熟的文化，很早就从神、巫的世界走出；也有人说最少自春秋战国，儒取代了古代的巫成为知识的主宰。这些话从社会金字塔的顶端去看，就一部分的人而言，有一定的道理；如果从整座金字塔去看，就会看到从底到顶，巫的势力或强或弱，其实存在于几乎每一个人的意识或潜意识里。因为人不论居于金字塔的哪个位置，就普遍人性而言，都非纯然理性的动物，也有感性和非理性的部分。不同的部分会引发不同的想象和追求，也就产生不同甚至矛盾的焦虑和愿望。[1]

士大夫以外：工匠与刀笔吏

马　您研究图像的时候，发现在士大夫控制的文字传统之外，还有一个工匠的传统，也与上面谈及的认识有关吗？

邢　对！这是注意这些问题的原因。如果我们只看传世

---

[1] 这类讨论很多，仅举最近廖咸惠《正学与小道——真德秀的性命论与术数观》[《新史学》31.4（2020）]一文为例，即可见儒与巫和术数的传统不曾割裂，始终若即若离，甚至纠缠难分。又可参廖咸惠，《体验"小道"——宋代士人生活中的术士与术数》，《新史学》20.4（2009），页1—58。

文献，同一批人掌握着历史的话语权，我们听到的是同一种声音。当我看图像材料时，发现很多面貌与传世文献相似，但也会在缝隙中发现异样的情况。为什么会这样呢？这些异样使我想到在书写文化以外，是不是还有一个于文字传统中失声，口传传统的存在？下层民间有许多东西不一定依靠文字，而是口耳相传；很多的神灵崇拜、传奇故事和知识框架与上层不一样。这个部分非常重要。民国初年至抗战时期，有不少学者致力于搜集方言、民谣和戏曲，就是想要将下层的声音发掘出来。共产党得天下后仍继续这方面的工作。可惜我对这部分知道得不够，不成系统，没法好好评估下层是否曾经，或在多大程度上，又在哪些方面，影响了上层。

历史话语权毕竟建立在文字上。工匠们不一定掌握文字，借着工艺图饰反而有机会传达一些不同的东西。我曾试着去抓这一部分，奈何时空遥隔，能抓到的相当有限，如何适当地解说尤其不容易。以汉代来说，图像资料里有太多和比较低层的信仰有关，和文字传统反映的颇有不同。我对这部分极感兴趣，因此一度花时间读《太平经》。《太平经》中有些不见于其他传世文献，应与下层思想有关。[1]可是，要掌握这个部分难度同样不小。

马　相当有趣。与工匠传统相似，就是您最近谈得比较多的刀笔吏传统。这个传统也是跟士大夫的传统不完全一样。过去我们只着眼传世文献，现在我们有出土的简牍文书，其中绝大多数出自地方单位中下层的刀笔吏。从比较长的时段来看，这个传统其实也挺"封闭"。秦汉刀笔吏跟魏晋胥吏、明清幕府师爷等无缘科举的官府幕僚一脉相承，而与上层士大夫官僚传统有区别。

邢　汉代士大夫官僚体制建立以后，大家认为这是一个

---

[1] 邢义田，《〈太平经〉对善恶报应的再肯定——承负说》，《国文天地》8.3（1992），页12—16；邢义田，《太平经里的九等人和凡民奴婢的地位》，《燕京学报》新21（2006），页23—33；邢义田，《从〈太平经〉论生死看古代思想文化流动的方向》，载刘翠溶主编，《中国历史的再思考——许倬云院士八十五岁祝寿论文集》（台北：联经出版事业公司，2015），页175—186。三篇文章修改后分别收入氏著，《天下一家》，页589—597、598—608；以及氏著，《今尘集》，页135—148。

分层负责的新制度。事实上,"官"这个阶层还保留了很多封建时代的色彩。"官"的特点是:仍保有封建时代公卿大夫的余韵,自以为无所不知,无所不晓,"一事之不知,儒者之耻"。他们不擅也不屑掌理官职上的细务,而在意"大体"或者是所谓治国之大经大脉。他们高高在上,不亲庶务,行政琐细委由小吏去担当。

我很赞成阎步克先生指出的官僚体制的"吏化",他有一些观点跟我不谋而合。[1] 不过虽说"吏化",封建的阴魂未曾散尽,"官"跟"吏"还是有区别。用汉简中的例子来说,我不是写过关于公文书签署的问题吗?[2] 很多根本不是主官自己签名,而是手下的属吏代签,反映了主官们不亲自处理日常

---

1 参阎步克,《察举制度变迁史稿》(沈阳:辽宁大学出版社,1991);《士大夫政治演生史稿》(北京:北京大学出版社,1996);《从爵本位到官本位:秦汉官僚品位结构研究》(北京:生活·读书·新知三联书店,2009)等书。

2 邢义田,《汉代公文书的正本、副本、草稿和签署问题》,《"中央研究院"历史语言研究所集刊》82.4(2011.12),页601—678,修改后收入氏著,《今尘集》,页191—254。

例行性事务（daily routine），刀笔小吏代劳一切。有些官员喜好亲理庶务，就会被贴上"好吏事"的标签，甚至被讥讽成"但知刀笔，不识大体"。"官"跟"吏"的区别在历史上一直存在着，区别严格的程度和表现的形式随时代有些不同罢了。

马　我同意这个说法。如果我们回想班固提到当时整个官僚体制的人数，大概有十二万多，主要官员其实不超过百分之一，其他的都在中下层不断打转。我们看尹湾汉墓的师饶，他已经相当风光，但他不过是个功曹史！由于传世文献倾向以人物为主，记载的都是能够往上走的人，其他在中下层打转的人都没有记录。

邢　对，中下层的吏才是官僚群的主体。所以我跟学生讲，现在是研究刀笔吏文化的好时机。因为现在有源源不断出土的简牍文书材料，可以看到越来越多的细节，包括行政流程以及刀笔吏在当中扮演的角色。

马　其实，阎步克先生的分类也是按传世文献中的分类，包括"文吏"相对"儒生""酷吏"相对"循吏"，都是一些刻板印象（stereo-types）。但是，如果我们看法律文书、《奏谳书》，刀笔吏的世界可能更加复杂。

邢　简牍文书是当时原始的文书，最能够反映刀笔吏世界的复杂性和真实面貌。王充（27—约100）大力批评文吏，也就是刀笔吏，在他口中文吏似乎都是一丘之貉，千人一面。这当然是出自特定立场，简单化了问题和现象，很值得我们去对照一下他说的和简牍中反映的刀笔吏实态，重新评估刀笔吏的特色。

读写能力与经济生活

马　最近几年，您写了很多关于基层社会读写能力（literacy）的论文，特别是基层官吏和平民的 literacy。[1] 我首先想问，您怎样去理解什么是 literacy 呢？

1　邢义田，《秦汉平民的读写能力——史料解读篇之一》，载邢义田、刘增贵主编，《第四届国际汉学会议论文集　古代庶民社会》（台北："中央研究院"，2013），页241—288；邢义田，《汉代边塞隧长的文书能力与教育——对中国古代基层社会读写能力的反思》，《"中央研究院"历史语言研究所集刊》88.1（2017），页85—144。两文修改后分别收入氏著，《今尘集》，页3—42、43—97。

第二章 "为己之学":我的学术研究

邢 这真是一个很困难的问题。我提到西方学者对此已有很多讨论。这也跟上层精英文化与下层社会关系有关。精英文化很重要的一点就是书写文化,书写能力是进入精英阶层的一张门票。中国社会阶层是相对比较流动开放的,如果有机会掌握书写能力,就有机会上升到一个比较高的阶层。因此我会关注一般的老百姓怎样学习读书写字这个问题。以前的学者讨论明清以后读写能力的比较多,讨论宋代的也有,讨论宋以前的很少。因为古代材料太少,现在有了这么多简牍,可以帮助我们重新思考这个问题了。

什么是读写能力呢?不同的社会,不同的职业,都有读写的要求,需求不很一样。讨论这个问题最困难的地方是怎样给读写能力一个定义,我做不到。我的文章一开始就说得很清楚。我不去讨论某朝某代有百分或千分之几的人会读书识字。那篇文章主要的目的是提醒我们,面对不同材料的时候,譬如说简、碑、砖上的文字,它们的性质并不都一样。以前我们通常只是把碑文录下来,花力气于释读或考证碑文。面对刑徒砖，大家的方法、态度也没有不一样。但我想要进一步追问：碑和砖文是谁刻的？谁写的？写和刻的是不是同一人？刻石的石工可以刻字，但不一定代表他撰写或懂文字的内容。有一些碑铭有套路，有一些不一定有，要看是谁的碑。作者是谁？又是谁去操办立碑的事？这可能有很大的差别。也就是说怎么制作？谁制作？工匠在当中扮演什么角色？过去比较少人去追问。我从西方对读写能力的讨论获得启发，就想追问中国古代是如何，所以我才写了那篇文章。而且，我发现还有一点过去学者也不谈。简牍、碑刻文字后面署名张三李四，但这些名字不一定是张三李四自己写的，常有人捉刀。代笔的问题过去不太有人留意。

马　发现代笔问题，是因为您研究雯都兰达木牍（Vindolanda tablets）的缘故吗？[1]

邢　对。罗马木牍中有很多私人书信的正文部分和最后署

---

[1] 邢义田，《罗马帝国的居延与敦煌——英国雯都兰达出土的驻军木牍文书》，《西洋史集刊》5（1993），页 1—29，修改后收入氏著，《地不爱宝》，页 258—284。

名的笔迹都不一样，西方学者如 Alan K. Bowman 曾讨论。[1] 中国也一样，并不是所有人都会书写，常找人代笔。在中国农村社会，真正会写字的人是少数，大部分都是口授代笔，如找私塾或算命先生替老母亲写封信给远方的儿子，要他寄点钱回家之类。（笑）

马 您关于秦汉史的研究几乎遍及每一方面，但当中似乎以写制度和社会最多，这是您的兴趣使然，还是与您对此一时代的总体判断有关？（认为这些方面比较突出，所以集中讨论。）

邢 其实还有一些问题想写，还没写。譬如刚刚说农业很重要，实际上我没有写很多农业和经济方面的文章，不代表没有注意到这些，只是个人的精力实在有限，仅写过农具、度量衡、货币的使用，以及中央和地方的财政支出。[2] 我还准备过一些题目，没有

---

[1] 例如 Alan K. Bowman, *Life and Letters on the Roman Frontier: Vindolanda and Its People* (New York: Routledge, 1998)。

[2] 例如邢义田，《一种汉晋河西和边塞使用的农具——鑺（欘）》；《张家山汉简〈二年律令〉读记》，《燕京学报》新 15（2003）"经济与财政"一节，修改后收入氏著，《地不爱宝》，页 164—172。

写。例如曾读过一本书讲述清朝一位官员的经济生活，他有哪些收入和支出。这启发我去想：汉朝官员又是如何？不同阶层的官员有哪些收入来源和支出？我累积了一大堆资料卡片，这是早年想做的，一直没写。（笑）这都跟经济有关。我关注基层农民的生活，譬如说男耕女织等成说。孟子告诉我们古代存在社会分工，男耕女织，我一直很好奇实际情况是怎样。我们不能看传统文献说男耕女织，以为实际情况就是那样。我经常会问：别人告诉你那样，但真的是那样吗？（笑）

今天跟您说过我对"家"的重视，[1]所以我才会想到一些与"家"有关的问题，如家庭经济（household economy）。我注意到这个问题，其实也跟我读希腊、罗马史有关。我们今天讲的经济学（economics），在古代希腊就是怎样当一个家庭的管理人（house-keeper）：怎样去经营一个家？怎样去

---

1 整理者按：这是邢教授在正式访谈前提到的。

管理一个庄园?怎样去管理奴隶?怎样把生产的剩余转换成生活的必需品?这是希腊文 oikonomos 的原来意义。希腊的色诺芬(Xenophon,前427—前355)即曾留下著作《经济论》(*Oeconomicus*),告诉我们怎样去管理一个家的庄园,包括管理小孩、妻子和奴隶。(笑)罗马共和时代的著名监察官加图(Marcus P. Cato,前234—前149)、瓦罗(Marcus T. Varro,前116—前27)都有类似管理农庄和奴隶的著作存世。其实,马克思的想法很多源自他对希腊、罗马史的认识。古代中国就只有《汉书·食货志》引用战国李悝对一个农家经济生活的描述,包括有几口人、多少地、多少收入和支出等等。[1] 材料就那么一点,当然《孟子》《管子》《周礼》等书也有一

---

1 "今一夫挟五口,治田百亩,岁收亩一石半,为粟百五十石,除十一之税十五石,余百三十五石。食,人月一石半,五人终岁为粟九十石,余有四十五石。石三十,为钱千三百五十,除社闾尝新春秋之祠,用钱三百,余千五十。衣,人率用钱三百,五人终岁用千五百,不足四百五十。不幸疾病死丧之费,及上赋敛,又未与此。此农夫所以常困,有不劝耕之心,而令籴至于甚贵者也。"见《食货志上》,《汉书》(北京:中华书局,1962),卷24上,页1125。

些。我发表的对这些仅仅点到为止,但心中一直想多写一点,谈清楚。

对帝国的想象

马　邢教授,您应该还有很多论文在写,但是还未有发表。我记得您曾提到一篇文章,就是汉代的边郡与内郡,这个问题您考虑了很长时间。[1]

邢　对,写硕士论文的时候就开始思考这个问题。硕士论文写汉代的"以夷制夷"政策,很重要的一点就是边郡、边区跟外族的关系,所以很早就注意到这个问题。可是,我一直没能写出,因为一直没有比较确定、比较好的材料,一直到今天还埋在抽屉里。[2]

---

[1] 邢义田,《汉代公文书的正本、副本、草稿和签署问题》,页669,注121。

[2] 《论汉代的边郡与内郡》一文已收入台北联经出版事业公司2024年8月出版的《古月集》卷四,《古月集》简体版即将由生活·读书·新知三联书店刊行。

第二章 "为己之学":我的学术研究

马 您觉得今天的条件足够吗?

邢 不够。不能解决的问题是:哪些是边郡?我们读汉代的文献,常常见到"四边""三边"这些词,对不对?我们当然可以把它们理解成边缘、周边的边区,但具体是哪些区域呢?譬如居延简上常提到"北边"什么令,但"北边"到底包括哪些郡或地区?我们可以考证出某些汉代所谓的边郡,但明确包括哪些郡?范围有无变化?内外郡有无区别?到今天,还有太多资料欠缺和模糊的地方。这个问题放在那里几十年仍放着,留给以后的人去解决吧。

这牵涉到秦汉时人对帝国空间的想象。怎样想象这么庞大的一个政治空间,以及每一区域对帝国的意义?它的功能,要发挥的作用,要用什么方法去治理,它的具体制度又是什么?对一个庞大帝国的统治者而言,每一个区域意义会不太一样。例如汉代有"山西出将,山东出相"的谚语,这就涉及当时人对帝国的理解和想象。汉代还有"关东""关西"和"山东""山西"的区域概念,也有天上星宿和地上州域的对应概念。[1] 这些背后都和意底牢结（ideology）有关。我们读《汉书·地理志》，某个区域的人的特性是什么，他们主要从事哪些活动，跟别的地方有何关系或不同，这反映在他们的想象里，帝国之内存在着各有特性的空间和人事，是不是？有边郡，也有内郡，这个帝国的想象有内，有外，有层次，所以古人有五服、九服之说。哪些是比较核心的区域？哪些是比较外围的区域？哪些是更边远的区域？这就牵涉到那时人们对一个国家的政治空间的想象。因此，我才会注意边郡和内郡，譬如在法律上、在财政上、在文化上当时人是怎么想象和对待内郡和边郡。

马　这是从士大夫、统治者的角度来讲。

邢　因为研究皇帝制度，考虑这个问题当然是从统治者的立场来想象。他们怎么想象这个空间，对待不同

---

[1] 参邢义田，《试释汉代的关东、关西与山东、山西》，《食货月刊》13.1（1982），页15—30；邢义田，《试释汉代的关东、关西与山东、山西补遗》，《食货月刊》13.3（1983），页44—46。修改后收入氏著，《治国安邦》，页180—210。

空间中的人群各用什么政策?如果郡县内有蛮夷,那个行政区域就叫作"道"。要不然就是郡县。这就反映当时的意底牢结。因为我关注基层百姓,原本很想知道小老百姓对空间的想象,甚至外族对秦汉帝国的想象,可惜几乎没有资料留下来。

马 我看过《上海书评》对您的一个访问。[1] 记者问到古罗马与秦汉中国的根本差别,您曾经提到两者对帝国的不同想象。

邢 很不一样。第一,秦汉中国有一个庞大且独一无二的官僚体制。第二,最重要的是中国古代有"天降下民,作之君,作之师"的想法,统治者不仅仅是统治者,还是民之父母和教导者。用传统的说法,君王对百姓不但治之,还要"教之、养之",这才是父母。这样的意底牢结或想象,古代罗马没有。而中国,到今天还是如此。

马 从秦汉统治者的角度来说,"忠"跟"孝"是一体

---

[1] 盛韵,《邢义田谈罗马史背景下的秦汉制度》,收入田余庆等,《上海书评选萃:穿透历史》(南京:译林出版社,2013),页70—84。

的，国家就是家庭的延伸和扩大。

邢 一体的。古代罗马也没有这个特点。罗马人认为自己是征服者。各个行省（provinces）的老百姓都是被征服的，所以他们低一等，没有公民权，只有罗马人才有公民权。被征服的行省要纳人头税、财产税给中央。罗马各省有税额，罗马政府拍卖各省的税，由出价最高的包税商得标，取得征收某一省税的资格，负责收到足额的税，多的部分就是包税商的收益。"包税制"反映出一种征服者与被征服者关系的想象。[1] 直到212年，罗马皇帝为了扩大兵源和财源，才授予帝国所有男女公民权。（图39）3世纪以前，虽然身在帝国之内，各省人民的法律身份和地位是不平等的。然而，中国的百姓自秦一统以后，号称都是编户齐民。

马 但是在中国，蛮夷都有他们的户口，注册在另外的簿籍上。比方说在《奏谳书》中有"蛮夷大男子"

---

[1] 关于罗马征服者的心态，可参南川高志编，郭清华译，《帝国与世界史的诞生》（台北：台湾商务印书馆，2021）。

图39 2017年由德国学者拼缀公布的普授公民权诏令Constitutio Antoniniana莎草纸残本

的记载,他要负担不同的赋税。

邢 目前还说不清楚。因为据文献,他们不用像编户一样交税,只要进贡一些当地特产就可以了。秦或汉政府最在乎的是蛮夷表示归顺,不惹事,尊重中央的威权,按时进贡一点方物,当作顺服的象征。

所以《奏谳书》里有些蛮夷说本来可以不服役的,但是由于汉朝政府要他服役,就逃亡了。政府派人去抓,双方产生对权利义务认识上的差距。我觉得汉与非汉或少数民族之间的关系始终处于一种游移变动而非固定的状态,就看哪一方的力量大,拳头硬,扛得住。

比较史学

马　这个就是秦汉中国跟古罗马的根本差异。可以这样说吗?

邢　应该不是。罗马和外族之间也是力量强弱的博弈。根本差异是罗马有一个城邦传统,中国没有城邦传统,所以权力的来源、合法性的建立和对帝国的想象有本质性的不同。罗马没有天命,它的权力来源是罗马城邦的公民,公民就是主权的拥有者,所以作为一名统治者、一名领袖,他的合法性建立于所有公民的同意之上。不管是透过元老院或是公民大会,任公职者都是被选出来,经过大家的同意。城邦的法律也是由元老院或公民大会提出议案,公民大会同意,这个法律对所有公民具有约束力,大家都要遵守。因此，奥古斯都（Augustus，前63—14）有一个第一公民（Princeps）的尊号（图40），他也自称第一公民。所谓第一公民基本身份是公民（citizen），唯为公民中的第一人，元老院开会时他坐第一排，第一个发言。中国没有这样的概念。中华大地上的皇帝受命于天，乃真龙降世，非凡人俗胎，本质上不可能是和常民百姓"等齐"的齐民，因此绝不可能有"第一齐民"。"第一齐民"在古代中国完全无法想象。

马 那么罗马和秦汉帝国相同的地方是什么呢？让您觉

图40 有"CAESAR... PRINCIPIS"字样献给奥古斯都原继承人卢休斯·凯撒（Lucius Caesaer）的纪念石碑残文。2016年11月27日邢义田摄于德国Rheinisches Landesmuseum Trier

得它们有比较的基础。

邢　相似的地方就是它们都成功地成为一个庞大的帝国，罗马一度主宰地中海世界，秦汉主宰欧亚大陆的东端。所谓庞大的帝国，是指能够较长期地控制广大的领土、众多的人口，进行有效的统治，集中和分配人力、物力资源，维护稳定的秩序和安全。哦，您说匈奴也有啊！一个强而有力的单于就可以把草原民族集合起来。但是它的组织太脆弱，暴起暴落，无法形成长期有效的统治。社会学家艾森斯塔特（S. N. Eisenstadt，1923—2010）曾比较几个古代主要帝国的官僚政治体制，在一定程度上是有意义的。[1]

马　比较研究需要多方面的条件。我早先问过您是不是第一个到美国学习古罗马历史的，也许难以证实，但您是不是第一个同时具备研究古罗马和秦汉中国条件的人呢？就是在这两个传统中都受过训练。

邢　显然不是。中外兼修的前辈太多，我完全不能与之

---

[1] S. N. Eisenstadt, *The Political Systems of Empires* (New York: Free Press of Glencoe, 1963).

相比。例如民国初年一位非常有名的学者——雷海宗（1902—1962），对希腊罗马史和整个欧洲史都非常熟悉。他虽留学欧美，对中国史也非常熟悉，有心效法斯宾格勒（Oswald A. G. Spengler，1880—1936）《西方的没落》(*Der Untergang des Abendlandes*)那样的大历史研究。他的弟子何炳棣先生（1917—2012）对他评价极高。社科院考古所夏鼐先生（1910—1985）兼修古埃及学和中国考古学，精通古今及多国语文，成绩斐然。绝对有啊！我算不上。

马 我问这个问题的原因是，我觉得很少学者具备这种条件，就是做比较研究时，对两个文明都有基础的训练。我说的基础训练包括语言，比如您学拉丁语。另外是学科传统训练，正如您跟施培德教授读罗马碑铭，中国（史）方面，您在台大已有很好的训练。很多人做比较研究时，都只懂一个传统，另外一个传统的知识是通过二手研究获得。

邢 跟我类似的，蒲慕州先生也是一位。蒲先生对中国和埃及的传统都能利用第一手的资料从事研究。我们关注的不太一样而已。

马　对于大部分没有这个条件,但是又想做比较研究的人,您有何忠告?

邢　事非经过不知难,比较研究确实较难。怎么说呢?比较研究很重要,从比较对照可以获得对某些问题的启发,但比较很容易流于表面。有时候认识不够,更容易出问题。举个例子:过去有位很著名的治世界史的前辈,研究中国古代城邦,拿希腊城邦中的公民跟中国古代的"国人"比较。他说中国以前已有城邦,"国人"就相当于希腊城邦的公民。这个说法一度影响很大。我必须说这样比较并不合适,问题出在套用历史理论。譬如套用马克思理论去解释中国历史,比附之下,希腊有城邦,中国古代也有城邦了。

　　理论框架会让我们掉进比较研究的误区。所谓的理论框架,尤其是前人喜欢谈的大理论、大框架,立论者往往以为放诸四海而皆准,例如世界上所有的古代文明都经过一定的发展阶段。从奴隶社会,到什么什么社会,都有一个发展过程。如果希腊、罗马是这样,中国、印度和埃及也是这样,哪里都一样。或者又有一个理论说水利社会(hydraulic society),对不对?跟亚细亚生产方式有关。古代农业的产生关乎人们怎样利用水资源,所以需要组织人力和物力来经营一个集体的灌溉和排水系统,因而创造了古代文明。诸如此类的理论。立论者觉得这些是普世性的,这样的话,就可以在一个共同的基础上比较不同的社会。然后说某个社会有这些现象,所以这个社会已经发展到某一个阶段。对不对?可是这样的比较,没有多大意义。很多社会的确有很多类似的现象,这些现象背后的原因却不一定一样,不能太简单化。例如我们现在知道中美洲的玛雅文化和东南亚的吴哥窟都曾有非常发达的水利灌溉和排水系统,但产生这样系统背后的社会和政治体制几乎无法放在同一个平台上谈论,不宜将它们都简单扣上"水利社会"或"水利国家"的帽子。[1] 我不满意自己的博士论文，一大原因就是所做的比较太简单化。只有回到那个历史文化和社会本身的脉络，才能掌握得比较准确。这个分寸很不容易拿捏。

我觉得比较有用的是什么呢？就是问题的提出。譬如说读写能力这样的问题，在一个社会里究竟有多少人能够读书识字，他们是怎样获得书写能力的？像这种问题可以做某种程度的比较研究，可是一定要回到那个社会本身的历史、社会、文化条件，不能用某个理论模式生搬硬套。

马 简单一点说，您觉得比较研究的目的是什么？

邢 目的在同中见异，异中见同，刺激想象，启发问题。例如从别的文明经验中看到不同社会的人如何面对一些基本共同的问题：怎么去求生存？怎么保护自

---

[1] Charles Ortloff, *The Hydraulic State: Science and Society in the Ancient World* (Abingdon: Routledge, 2020), 此书受 Karl Wittifogel, *Oriental Despotism* (New Haven: Yale University Press, 1957) 一书理论的影响，将南美洲、地中海世界的水利设施和中国的大运河放在一起讨论，引起严重批评。评论见 Dylan K. Rogers, "The Hydraulic State: Science and Society in the Ancient World," *Bryn Mawr Classical Review*, 5th May, 2021。

己？怎么分配资源？怎么分配权力？怎么沟通？用什么工具去沟通？表面现象或许类似，但各社会面对的方式以及背后的理由和体制却可能天差地别。有些或许可以比较，有些难以比较，可比的程度因问题而异。

马 应该怎样去找比较的对象？是一定要在同一个时代，属于同一种结构吗？

邢 不完全是。要看是一个怎样的问题。我举一个简单的例子：怎么面对生死？这是大家都面临的问题，不分时代地域。但是每个社会、每个人的答案都不一样。这就要看试图做怎么样的解释。解释的规模可大可小，很难一概而论。或许因为我是历史学训练，比较会关注同中之异，也就是答案的特殊性。因此有时候不是很赞成人类学的做法。人类学往往建立一个比较高层次的理论体系，这个理论体系既可解释这个社会，又用以解释其他社会。或者认为某理论的解释力越大、越高，就证明它越有效，像自然科学理论一样。这些理论往往强调共同性，淡化、简化特殊性。强调共同性才能建立大框架;注意每个社会、每个人的特殊性就不容易建立大框架。人类学理论有时太强调共同性或某些模式,不免会牺牲文化之所以成为一个文化的特殊性,这跟历史学有本质上的冲突。历史学往往强调特殊性,或者说某一个人、某一社会或某一文明的特色。

这牵涉很多理论层次的问题,非我所擅长。在我的成长过程中,老师都告诉我们要去学社会科学,用社会科学建立的理论模式重新解释历史。大家都认为能建立模式,才有"科学性",才是"科学"的史学。人类学等社会科学被认为比较"科学",历史学不"科学"。就是在这种科学主义的浪潮下,历史学曾力图跟科学靠拢,我们历史系的学生都得去修人类学、社会学等等。可是近几十年已有很多人反思,真是这样吗?发现历史学其实跟艺术、文学比较接近,(笑)和科学比较远。在这反动的浪潮里,不少人更主张所有的历史文献和文学创作一样,都是一种主观的创造,创造的仅是某一文本(text);

文本诞生，作者即死，端看利用文本的人如何去诠释。甚至历史学最在乎的"时间"，也在一批解构主义者的手中被解构了。（笑）这完全走上相对于科学史学的另一个极端。这种极端的看法必带来虚无，我并不赞成。

出土简牍

马　您说过您到史语所之后才开始进行简牍方面的研究。整理汉简的经验对您有多大的影响？

邢　很大。我整理汉简有一个很深的感悟：发现原本存在的问题竟然这么多。（笑）如果偷懒，只用资料库检索现成的释文，下载几条材料就拿来写论文，这样太危险了。（笑）现有的资料库需要不断因理解的增进而调整所录的释文，才比较可靠。我们整理小组重作汉简释文时有一个重要的态度：以前的释文只当参考。释文可能有错，也有遗漏，我们必须自己一个字一个字释读过,那个字才真正属于我们;要不,都是别人的。

可是释文有误千万不要怪前人。我们现在掌握的工具不一样。前人顶多有放大镜,没有电脑,没有红外线显影。他们做释文往往根据不够清楚的照片,即使有错,应该同情地谅解。我们有好设备仍会犯错啊!对不对?每个人都会有错,没办法的事情,尽量做好罢了。有时候释读不易,释一个字其实常没把握,勉强在几种可能中暂选一字。有过释读经验以后,比较能够理解前辈在他们的时代条件下做出那样的释文,实在已经非常了不起!我曾到香港大学冯平山图书馆看过马衡(1881—1955)、贺昌群(1903—1973)、向达(1900—1966)、劳榦和余逊(1905—1974)做的释文。只要比较释文,就发现他们的功力高下,一清二楚。如果不比较,不会觉察到即使在同一个时代,每个人的基础、背景不同,能够释读出来的就不一样。我们有前人成果为基础,又有较好的工具,只应做得比他们更好。

马　他们是第一批做释文的学者。

邢　第一批做居延汉简释文的学者，前有王国维（1877—1927）、罗振玉（1866—1940）、张凤（1887—1966）等释读汉、晋木简，接着就是他们。当时可以参考的东西很少，他们都是拓荒者。缺乏依傍的拓荒者每每举步维艰，后人挑他们的错，简单得多。错要改，却万不可因挑到前人的错就得意。

马　我发现您的研究非常注重简牍的物质形态和考古讯息。传统的学者主要是释字，却没有很注重简牍的物质形态。

邢　这也都可以理解。例如前后两批居延汉简的出土报告或不够明确详细，或至今没有正式出版，怎么办？敦煌汉简也仅有部分有出土报告。边塞汉简缺少出土报告是很大的遗憾。我非常关注出土位置、出土层位和简的叠压关系，因为这有助于简册复原。汉简原本多是簿册。复原簿册很重要，而且是这一代人该做的工作。简册尽可能复原后，才能较好地重建简牍制度，了解公文流程和正确掌握日常文书行政的机制。要不然,我们现在的认识都可能有误。

马 您的研究方法跟籾山明先生说的日本"古文书学"比较接近。[1] 您对他们的做法有何看法?

邢 非常重要。我很赞成使用"古文书学"的方法研究简牍文书。像永田英正做集成,对鲁惟一(Michael Loewe)做的复原并不完全赞同(图41)。[2] 鲁惟一所复原的是否属同一册,不少难以确定,所以永田只作"集成"。这类工作要经过几代学者努力,长期累积,才能越做越好。在我看来,鲁惟一在方法上已走出了很重要的第一步。解读简牍文书之前最好先复原简册,早期中国学者多不考虑这一层,一头埋进一支简一支简的文字释读工作。后来大庭脩(1927—2002)和谢桂华(1938—2006)以及研究三

---

1 参籾山明著,顾其莎译,《日本居延汉简研究的回顾与展望:以古文书学研究为中心》,徐世虹主编,《中国古代法律文献研究》(北京:社会科学文献出版社,2015),第9辑,页154—175。

2 Michael Loewe, *Records of Han Administration* (London: Cambridge University Press, 1967);永田英正,《居延汉简の研究》(東京:同朋舍,1989)。

图 41 日本京都大学人文科学研究所居延汉简轮读会
自左至右：滕枝晃、鲁惟一、永田英正、森鹿三、米田贤次郎、平冈武夫
原刊《日本秦汉史研究》第 11 号（2011）

国吴简的侯旭东和凌文超复原了若干吴简簿册，为简牍研究奠基，非常重要。[1]

---

[1] 例如谢桂华，《新、旧居延汉简册书复原举隅》《新、旧居延汉简册书复原举隅（续）》《居延汉简的断简缀合和册书复原》，收入氏著，《汉晋简牍论丛》（桂林：广西师范大学出版社，2014）；侯旭东，《长沙三国吴简三州仓吏"入米簿"复原的初步研究》，收入长沙简牍博物馆、北京吴简研讨班编，《吴简研究》（武汉：崇文书局，2006），第 2 辑；侯旭东，《长沙走马楼吴简〈竹简〉[贰]"吏民人名年纪口食簿"复原的初步研究》，《中华文史论丛》1 (2009)；侯旭东，《长沙走马楼吴简"嘉禾六年（广成乡）弦里吏民人名年纪口食簿"集成研究：三世纪初江南乡里管理一瞥》，载邢义田、刘增贵主编，《第四届国际汉学会议论文集：古代庶民社会》；侯旭东，《西北所出汉代簿籍册书简的排列与复原——从东汉永元兵物簿说起》，《史学集刊》1（2014）；凌文超，（转下页）

马 这个跟您的古罗马史训练有关系吗?

邢 有点关系。因为罗马史家也做残碑、木牍残件和羊皮纸、莎草纸残件复原(图 39)。可是问题不太一样。拉丁、希腊文是拼音文字。拼音文字的好处是即使只残留一部分字母,也可以据上下文拼出原来的字,因为那个拼法在拉丁、希腊文语句里就应该是那样。另外,依文法规则也可以复原出不完整的字。罗马碑文有一定的格式、固定的写法,所以可以准确推定出来。中国是方块字,没有前后字母。如果只残一半,还可以猜得出来,可是上下文就不

(接上页)《走马楼吴简库布账簿体系整理与研究——兼论孙吴的户调》,《文史》1(2012);凌文超,《走马楼吴简"隐核波田簿"复原整理与研究》,《中华文史论丛》1(2012);凌文超,《走马楼吴简举私学簿整理与研究——兼论孙吴的占募》,《文史》2(2014);凌文超,《走马楼吴简隐核新占民簿整理与研究——兼论孙吴户籍的基本体例》,《田余庆先生九十华诞颂寿论文集》,(北京:中华书局,2014);凌文超,《走马楼吴简库钱账簿体系复原整理与研究》,《考古学报》2(2015);凌文超,《走马楼吴简隐核州、军吏父兄子弟簿整理与研究——兼论孙吴吏、民分籍诸问题》,《中国史研究》2(2017);凌文超,《走马楼吴简三乡户品出钱人名簿整理与研究——兼论八亿钱与波田的兴建》,《文史》4(2017)。

一定能推测了。

马　就是从这种比较开始,您注意到行政文书中的"式"吗?[1]

邢　倒不是。注意到"式"是因为读到夏鼐的文章。他发掘了大、小方盘城,发现了式简的特征。[2]夏先生这个发现的重要性似乎一直少有人注意。我读居延简时注意到这个问题,发现"某"字常被释错,如释为"某",简文即可读通,证明原来是夏先生所说的文书式!过去因释文有误,大家也就无从发现"式"的存在。这完全受到夏鼐先生的启发,当然也多少跟我读罗马碑铭有关。因为它们的文辞有不少也是套装的!(笑)由此可知罗马碑铭不是那么难读,这是为什么我一开始学拉丁文,就可以读碑铭。碑的写法有一定的格套,只要掌握格套,就大

---

[1] 邢义田,《从简牍看汉代的行政文书范本——"式"》,载严耕望先生纪念集编辑委员会,《严耕望先生纪念论文集》(台北:稻乡出版社,1998),页387—404,修改后收入氏著,《治国安邦》,页450—472。

[2] 夏鼐,《新获之敦煌汉简》,《中央研究院历史语言研究所集刊》19(1948),页252。

致可以读了。（笑）所谓"式"就是不同文书的套装写法。

马 所以不同的文明间也有类似的地方，特别是从行政的角度来看。

邢 是啊！汉代的简牍文书有那么多格式化套语，像"如律令""敢言之"等等，其实今天的公文还有这类东西。这是刀笔吏最擅长的。学为"吏"基本上就是要学会这些格式套语。士大夫不免看不起刀笔吏整天在"等因奉此"中打转。但也别完全小看，许多公文的措辞用字暗藏玄机，一字一词之异可以杀人，也可以活人。刀笔吏、胥吏或师爷有很多就靠玩弄文词，上下其手。

马 其实我有一个现代的例子。我已经拿到博士学位了，但是我去申请驾照的时候，填错很多东西。我发现自己读了这么多书，也不懂怎样去填一个表格。这就是为什么需要刀笔吏，我觉得他们还是有现代意义的。

邢 这样的经验我也有啊！香港学校要给薪水，规定我去汇丰银行申请一张银行卡。银行要证明文件和填写一堆表！前后跑了多趟还是犯了不少错误。因为我们离开香港的时候要报税，到香港入境事务处，须填表申报收入。又有一堆表格要填，连表上的措辞用语都看不懂。（笑）

马　从这些例子，我就想象到为什么汉代的士大夫面对刀笔吏会那么生气。从他们的角度看：我们每天处理这么多国家大事，你还要我填一个表格，还说我填错了？这可以解释他们为什么会对立。

邢　是啊。刀笔吏颇像今天的小公务员：公务员设计出一堆表格，每一个项目应该填什么，不可填什么，都有规定。基层公务员的一大工作就是要求你按规定程序办，他也一板一眼照规定处理。古代表格或许较少，刀笔吏的心态、作风和今天的小公务员很可能差不太多。（笑）

马　这确是一个挺封闭的系统。另外一个问题是，由于您在史语所工作，有机会整理汉简。很多学者没有机会参与第一手的整理工作，没办法有像您一样的体会。对他们来说，应该如何弥补这方面的不足呢？

邢　这蛮困难。出土的东西独一无二。居延汉简一部分在史语所，一部分在兰州。要看原件，必须跑一趟，没办法。就好像现在湖南、湖北出了一大堆简，如果对他们的释文或图版不放心，只好到那儿去核对。唯一弥补的方法就是出版好的图版和释文，让大家觉得心安。对不对？对很多学者来说，只能这样啊！史语所有简在手的责任就是出版好的图版和较正确的释文。就像您在香港，我在台湾。我们比较吃亏的地方是现在新出土的东西都在对岸。大陆学者有机会看原件是他们的优势，只能接受。期望他们出版好的图版和释文。

马　目前很多简牍都分布在内地不同单位。境外学者要等上一段时间才有机会看到出版品。我们要怎样在先天不利的条件下发展自己的优势？日本学者通过办读简班，集合众力研读简牍。这对内地来说，是比较后期的事情。他们有整理小组，没有读简班。

我觉得日本学者读简班的传统就是他们的优势。虽然他们比内地学者较晚接触到材料，但是他们利用这种模式聚集众力，逐条研读，关注简牍的物质形态和分布地点，能做出一些很不一样的研究，或者像大庭脩和永田英正，能获得和中国学者很不一样的成果。

邢 这当然，大家都可以关注一些不太一样的问题。欧美学者谈的问题，很多大陆学者比较不注意。就好像我们研究里耶秦简、张家山汉简或岳麓书院简，当然要想想哪些是我们可以做，而其他学者没注意或没兴趣的。我常和学生说要学会寻找自己的生存空间，学术研究如果不赶热闹，本来就是如此，倒不完全是因为在哪里。我的策略是"你丢我捡"，在学科缝隙和议题缝隙中找自己的空间，也就是游走在"三不管"地带。没人注意的问题其实很多，一找一箩筐，不一定要凑热闹。

不同性质的简牍与存灭

马 另外一个问题就是,现在的出土简牍,如果按遗址的性质,可以简单分为边塞、墓葬和井窖三大类。边塞简牍的性质比较清楚。至于墓葬简牍就关系到一个很大的问题,就是为什么要把简牍放在墓葬中?您过去提到它们很多属于"明器"。[1] 您现在的想法有没有不同?

邢 现在有新的证据出土了。墓葬出土的简牍当中的确有很多被当作明器,是为陪葬而特别抄制的。在山东青岛土山屯堂邑县令刘赐的墓中出土的遣册(原牍叫"堂邑令刘君衣物名"),即陪葬品清单当中列有"堂邑户口簿一"(图42)。这是明器说的铁证。刘赐墓的资料目前已公布一部分,遣册所列"堂邑户口簿一"在墓中是否真的发现了,未见报道。不

---

[1] 邢义田,《从出土资料看秦汉聚落形态和乡里行政》,载黄宽重主编,《中国史新论·基层社会分册》(台北:联经出版事业公司,2009),页84—86,修改后收入氏著,《治国安邦》,页317—319。

图42 堂邑令刘君衣物名木牍局部

采自《山东青岛土山屯墓群四号封土与墓葬的发掘》,《考古学报》3（2019）,图版拾捌

论如何，户口簿即便出土，应是复抄件，不可能是官府原件。可是复抄件的内容在某种程度上还是有很高的价值。因为制作者不可能凭空创造一个不存在的户口簿，他必然有所根据；所据应该是某些真实存在且为大家所熟知的户口簿样貌，参考价值不可低估，我们当然也要警觉它和原件或应存在着某些差异。明器说最早由富谷至先生提出，我较赞成他的说法。相对来说，西北边塞和井窖遗址中的都是官文书原件，价值当然更高。

马　您认为汉代人为什么把简牍放到井窖内？

邢 读汪桂海先生的《汉代官文书制度》,可知文书有保存期限。[1] 我曾指出简牍文书如果保存一段时间,它们的体积会造成各级官府储存空间上的问题。[2] 我们现在看到的只是衙门里偶然幸存的一小部分。想想看一个里、一个乡、一个县,不要说别的,单是户口名籍和派生的各式相关簿册会有多少?假设一个县有上千户,数千人,每人每户造册,会需要多少竹、木?制造出多少文书?更不要忘了是每一年造册,此外还有各式各样不同名目的财务、人事和司法文书簿籍。如果通通存在档案库里,不隔一段时间清理掉,要建多大的库房去保存?所以汪桂海说是十三年吧,就得把不要的文书废弃。有很多居延简牍出土自障塞外的垃圾坑,应是被废弃的好证明。有些被烧了一半,或改造成别的东西。当时人

---

[1] 汪桂海,《汉代官文书制度》(南宁:广西教育出版社,1999),页227—232。
[2] 邢义田,《汉代简牍的重量、体积和使用——以"中研院"史语所藏居延汉简为例》,《古今论衡》17(2007.12),页4—41,修改后收入氏著,《地不爱宝》,页1—50。

将过期或不需保留的文书丢弃在衙门的井窖里，十分合理。

马 为什么不把文书全都烧掉？

邢 其实已有太多都烧掉，我们今天看不到了而已。垃圾坑看到的仅是极小的一部分。想想看西北边塞多冷！冬天要取暖，拿什么来烤火？（笑）废弃的文书刚好用来烧火！您说取暖重要还是保留那些反正要废弃的材料重要？当然取暖重要！所以，我相信一定有太多已经烧掉。不取暖，为节省空间也要丢弃、烧掉或改作他用。

马 这种井窖遗址出土的简牍好像只集中在长江以南的地方。

邢 这是自然环境条件造成的，有些幸运保存下来，很多早烂掉了。2018 年在北京大学访问时，得知山西出土简牍，四川渠县也出土了简牍。可惜忘了打听是出自建筑遗址、墓葬还是井窖。以前我们没有想到四川会出简牍，现在四川出土的简越来越多，有医简、典籍简等等。恐怕不好说今后简牍不会出自北方的井窖，只要自然条件合适就有可能。

马 其实在别的地方可能也有井窖遗址简牍，只是没有条件保留下来。很奇怪，这些地方都不是汉帝国的中心，反而在中心地带好像没有什么发现。

邢 原因很简单。汉帝国的首都——长安、洛阳这些地方战争太多，毁坏太严重。历朝历代的都城有太多被烧掉了，未央宫就被烧过啊！但好歹出了几百枚未央宫简。（笑）汉长安城遗址内还曾出土过成千上万刻了字的骨签，其他地方未见，非常难得。越是边缘的地方越有机会留存，越是政治中心越难留存。

马 这确实有一定道理。《后汉书》便记载董卓迁都，无数典籍丧失。[1]

邢 对啊！董卓临走放火烧洛阳，历代迁都都会毁掉很多东西！隋朝的牛弘（545—610）说"书有五厄"，

---

[1] "及董卓移都之际，吏民扰乱，自辟雍、东观、兰台、石室、宣明、鸿都诸藏典策文章，竞共剖散，其缣帛图书，大则连为帷盖，小乃制为縢囊。及王允所收而西者，裁七十余乘，道路艰远，复弃其半矣。后长安之乱，一时焚荡，莫不泯尽焉。"见《儒林列传上》，《后汉书》（北京：中华书局，1965），卷79上，页2548。

他说的是典籍毁灭的五次大灾难,[1] 加上历代一般的火烧、水淹、兵灾,古代文书典籍能留存的万不得一!越是政治中心,越是群雄必争之地,能够保留的就越少。

马 这个我反而没有想到,可能我没有很全面地想。我留意井窖遗址出土简牍,首先是注意它的分布,主要集中在湖南,别的地方比较少。我就此问题请教宋少华先生。他说长沙的地下水比较充足,到现在居民还有一个习惯,就是当一个水井弄脏了,他们不会清污,宁愿废弃,开一个新的井。我一直在想,这些井窖遗址出土简牍是否有其独特性?刚才听您的分析,也有一定道理。

邢 确实有其独特性。长沙地下水充足,开新井容易,废井也就多,废井可用来储物。地下水不多的地方,井要深挖,费时费力。古代一般习惯每年清理水井,是所谓"夏至日,浚井改水,冬至日,钻燧改火"

---

1 《牛弘列传》,《隋书》(北京:中华书局,1973),卷 49,页 1298—1300。

月令活动中的一项。《孟子》曾提到一个舜受父母命去浚井，险遭毒手的传说。这背后的习俗就是井要清理。但时间一久，井里没能清掉的东西越积越多。考古已发现很多有上百年堆积物的水井。有趣的是历朝历代修官府，像井中废物堆积一样，也常在同一个遗址上一层一层地堆叠上去。

马　长沙就是这样子。

邢　不久前在邯郸不是发现了宋代衙门的遗址吗？访问北京大学时，有朋友邀请我去邯郸参观。这个宋代的遗址，其上压着的是明代和清代的遗址，一层层地堆叠。这种压法意味着早先的已被摧毁。人们把旧建筑拆掉，利用材料建新衙门。这种情况太多太多。魏晋南北朝时民间造祠堂，常拆掉汉墓或祠堂，利用石材重建。历代修长城也是这样。（笑）

马　这样就可以解释为何里耶简可保存下来。因为即使到今天，那也是一个非常偏远，很难到达的地方。

邢　因为它偏远，后代极少利用或改造，反而留了下来。青海海晏县王莽时代的西海郡城，保留比较多汉城的模样，基本上也是因为偏远，后人利用和改造较少，城内居然还留存下王莽时代的虎符石匮，在中原地区几乎不可能。这是人为条件。

还有一个自然环境的条件，就像宋少华先生说的地下水，或居延、敦煌简出在干燥的沙漠。如果不看干燥或潮湿，也要看地下的物理、化学、微生物种种条件。譬如说，广州南越国宫署井窖迄今仅出土了数十枚简，数量不多。南越国怎可能只有那几支简呢？南越国宫署一定曾塞满文书，绝大部分都没能保存下来。自然条件不那么合适啊。

马 总体来说，我同意井窖遗址出土的简牍大多属丢弃物。如果细看这些简牍的内容，它们被丢弃的个别原因会否不同？

邢 原因当然很多，绝不限于定期销毁。学者也猜测过里耶秦简是否因为紧急，而不是因为文书到期报废。在紧急的情况下，怕文书落入敌人之手，刻意把它们丢弃或烧掉。就好像刘庆柱和李毓芳发掘的未央宫汉简，很清楚看到简有半截左右有火烧焦黑痕，很可能就是因为兵灾。王莽时，长安被赤眉攻破，放了把火，官府典籍档案肯定有不少被烧毁，今天看到的仅为没完全烧成灰的一小部分。[1]

马　如果用这个想法套进墓葬出土的简牍，不同墓葬出土的简牍会否也由于个别原因被放入墓中？

邢　不能排除有个别的原因。我们现在顶多能做些较一般性的解释。除非有更细致的线索，个别原因仅能先想想。目前可以看到各墓葬出土的简牍有类似之处，但没有一个墓葬出土的完全相同，连类别都有些出入。您比较关心地方行政，墓中出土与地方行政有关的木牍有类别和内容上的相似处，细看每个地方又都存在差异。各地抄户口簿都是根据所属乡里抄各地的，做法类似，内容却不同。目前所见墓葬出土的户口木牍，如朝鲜乐浪郡户口簿、天长安乐纪庄和荆州纪南松柏村、连云港尹湾等地出土的，都是这样。

马　它们有可能是真的吗？也就是说原来的户口簿已经

---

[1] 参邢义田，《汉长安未央宫前殿遗址出土木简的性质》，《大陆杂志》100.6（2000），页1—4，修改后收入氏著，《地不爱宝》，页138—143。

失效，要丢弃，墓主的家人索性拿来陪葬。

邢　虽不能排除这个可能，可能性却很小。我们要想想：第一，汉代人非常重视丧葬，据汉人的说法为了治丧送死，不惜举债，倾家荡产，官员的家属会寒酸到用废弃物当陪葬吗？第二，根据《二年律令》，官员过世，官府公物都要移交，而且要清点，包括官印。今天我们在墓葬中看到的官印绝大多数是仿制品。罗福颐先生早已说过。最清楚的例子就是前面所提到的山东青岛土山屯刘赐墓出土的玉印，印面用毛笔书写，确定是明器无疑（图 43.1-2）。他生前用的印不论铜或银印，都要上缴，不能埋到墓里去。为陪葬只能仿制代替，这就是所谓的明器。刘赐墓陪葬品清单上另明确写着"户口簿一"，和其他陪葬衣物、工具并列，前面已谈过，证明户口簿也必为明器。如果用原官府簿籍，即不符合明器"貌而不用"的基本特性。但公文书以外的典籍简，则有可能是墓主身前的私人实用品；陪葬品也常见实用器，必须分别看待。

图 43.1　墨书堂邑令印

图 43.2　墨书萧邑之印
采自《山东青岛土山屯墓群四号封土与墓葬的发掘》，图版肆

图像看史

马 我们之前谈过一些关于您的图像研究,也提到为什么您会去开拓新材料,是因为您对传世文献的传统感到怀疑。

邢 不完全是怀疑,也没有开拓新材料,材料就在那儿,许多人不在意而已。古人明明不仅留下文字,也留下很多非文字性的材料,为什么不好好利用呢?(笑)古人可以透过文字、口头传递讯息,也可以透过图画等视觉性的媒介传达心声,汉代这些方面的遗存,极为丰富。既然要了解古代的社会思想文化,我们何不好好搜集一切可用的讯息,充分剖析、认识它们?如果只看文字,用我的话说就是仅用一只眼看历史,会损失历史的立体性和丰富性。

马 其实是由于您的好奇心。

邢 这么说也没错,因为我好奇历史整体的各个面。合观文字和非文字性的材料比较能构成完整、丰富、立体的画面。(笑)我的兴趣绝不是单单研究某些文字，或某件美术、艺术品，而是问题导向——凡对回答问题有帮助，文字也好，图像也好，都用；如没帮助，不会勉强。

马　在使用图像材料的时候需要有方法。

邢　对，需要有方法。可惜台湾的教育自小学、中学以后，除非上和美术有关的专业系所，基本上不再有训练阅读非文字性材料的机会。人文学科基本上以文字的训练为主，教导怎样去阅读古今文字，建立对文字的敏感度，学生对阅读非文字、视觉性的材料的敏感度常常很不够。图像材料跟文字材料不能不说有基本性质的差异，需要一些特殊的方法去理解。

马　那您是怎样开始的？

邢　一步一步慢慢来，摸着石头过河。

马　有没有一些书，是您一开始的时候一定要读的？

邢　我的做法可能跟别人不太一样。别人会建议去读一些美术或艺术史理论的书。市面上有一大堆这种书，我几乎都没读过，觉得理论读再多也无济于事，甚至有害。万一被理论框住，反而伤了对图的认识。直接建立自己对"图"的敏感度或直觉似乎更要紧。这有时教不了，也学不来，反而和个人的资质倾向有关。前面说我从小喜欢画图，就是一种倾向，不是每个人都一样。

马 那您就是按您之前说的方法，尽量多看，如果有与您的问题相关的，就把它收集起来。

邢 对。我觉得阅读文字和图像材料有一个共同的方法，就是要"细读"。就像我们读竹木简文书，其实每一个字、每一句话都要多想一想，要读得很细，怎么把这条资料跟另一条资料联结起来，要做很多细致的思考。图像材料也是一样。譬如说，我们看到那幅画（邢教授再次指向书柜上他的画作），看一眼很容易就有一个印象。实际上，如果真要做研究的话，就要仔细地观察它每一部分的特点，掌握每一部分是怎么构成的，有哪些元素，颜色又如何。颜色是一个问题，对不对？文字材料没有颜色的问题。还有，就是透视比例的问题，对不对？文字也没有。可是，图像材料就有远近、大小、比例等问题。因为材料性质不同，需要注意揣摩的东西也就不太一样。

马　这个就是跟您自己从小对艺术的兴趣有关。

邢　对，绝对有关。

马　因此，我觉得很难去学的。（笑）

邢　（笑）真的，这比较难学。这是为什么到今天为止，跟我学简牍研究的学生多，学汉代画像的学生比较少。因为我们读文字材料，经过训练的时间比较长，对文字比较敏感；可是如果没有经常去接触和用心观察图像性材料，敏感度就不易提高。我们生活中随处可见图画，如果没有感觉，看到图画也不一定真知道它是什么。（笑）由于我从小就喜欢画画，看到一幅图，脑中很快会产生联想。怎么会有联想？联想些什么？这就和敏感度以及脑中累积的东西有关。一下子我也不知道怎样去进一步说明。

马　我觉得这个还是看天分吧？比较难学。

邢　好在并不是每个人都要做同样的事。每个人都该去做自己喜欢做、想做、能做的。这样就好。

马 虽然您提到有一些的方法,例如格套和榜题,都是比较明显的。您刚才说到的那种是需要一点灵通的。

邢 跟天分有一点关系。其实,这个天分不单是处理图像材料才需要,处理文字同样需要。这和想象力绝对有关系,例如怎么有办法看出《史记》的一句话和《二年律令》有关系,就跟想象力有关系。缺乏想象力,会看不见问题,也写不出具有启发性的好文章。

马 就像从前看陈寅恪(1890—1969)的文章,我发觉自己没办法写出那种文章。

邢 没关系。有些可学,有些不能学。像《柳如是别传》是他眼睛瞎了以后,在非常特殊的心理和环境下写的,别有寄托。我们都没办法学,还好也不必学。

马 您是1990年开始写孔子见老子的文章,然后慢慢找到研究图像的方法,譬如格套和榜题。这套方法是您最先提出来,还是已有人说过?

邢 一定不是最先,只是梳理前人的方法,举了些实例,做比较系统的归纳。例如前人提到图例，意思差不多。榜题前人早已注意了。不过以前做艺术史的很多前辈是靠多看画作建立的修养，告诉我们这些画很好，它们的风格如何，受何人影响，属于某某画派。可是汉代艺术跟后来的艺术不太一样。早期的艺术基本上都是工匠的作品，不像魏晋以后到明清，除了谋生的画匠，还有大批主导一代风潮的画家，追求表现个人的心灵，创造一己的风格。早期的工匠是为别人服务，他们要传达的往往不是自己的心声，而是委托者的想法，虽然有些有名的工匠也可能主导一时一地的流行样式和内容。

马　这是从什么时候开始改变的？是魏晋的时候吗？

邢　魏晋以后。因为魏晋以后开始重视个人，重视个人心灵和意志的展现。譬如说，魏晋书法讲究自己的风格，表现自我。魏晋以前，基本上都是工匠的作品，固然也有书法名家，作品失传，今天没法知道了。魏晋以后书画大家成群，如顾恺之（约348—405）、张僧繇（479—？）、王羲之（303—361）等，都明显各具风格，展现自我，追求艺术表现上的精妙。汉代工匠也不是一味依照粉本或格套，他们刻或画的也千姿百态，面目各异，但比较多限于技巧的展现而非个人内在性灵或情感的发抒。例如西安理工大学校园内发掘的西汉墓壁画，就技巧而言，可以说是汉代绘画的极品（图44.1）。请注意这位骑士正拉满弓瞄准猎物，他的眼珠和眼神都集中在弓箭和猎物上，表现相当出色（图44.2）。但没法说这位画工借此发抒了什么技巧以外，更具个人特色对世事的想法、情感或情绪。

马 魏晋以前以工匠作品为主，这与秦汉帝国的整个统治体制有关吗？是因为在大一统的体制下难以发展出个人风格吗？

邢 对对，应有关系。汉代为配合帝王和公卿贵族需要，由中央官府培养黄门画工。武帝曾令这些画工画过一幅"周公辅成王图"给受遗令辅政的霍光。这是为政治目的而作，不是为表现什么个人风格。汉代以后艺术除了追求个性的，也有在体制下迎合帝王

图 44.1 《西安西汉壁画墓》(文物出版社,2017)

图 44.2 上图局部

品味的宫廷画师所作的院画,从唐到清都有。基本上,他们是依据一定的模式、一定的传统,为帝王们粉饰太平,《清明上河图》就是典型代表。就这个部分来讲,比较容易掌握,那种追求个人风格和品味的创作才难。你要怎么去解释,一个作品跟作者个人生命的联系?因为他是要表现自己,一定跟他自己的内在生命,对生命的体验,某一种特定的情感、思想、心理或情绪有关系。这个最难掌握。

马 您为了做画像研究,跑去做田野调查。您觉得田野所见跟您从书籍和拓本中所见的有何区别?

邢 差别太大,太重要了!(笑)因为早期图录出版品的品质较差,常看不清楚细节!而且因为那些墓常很大,拓片也大,细节原本都清楚,图录一缩小,细节全不见了。因此很多问题无从问,也无从回答。拓片则要看拓工手段高低,同一石的拓片或较清晰完整,也有很多模糊不完整,甚至和原石有出入。以前读史语所藏拓,一石常有多份拓片,一比较即见其中差异。拓工水准不一,原石常漫漶或残损,拓工每每分不清哪些线条该拓或仅为裂纹，失拓更是常见。如此，非原石无以定夺。我只好奔去各地看原石，了解整体布局并拍摄局部细节照片，才一点一点解决一些问题。

马　您走了多少年？是否每一个区域都去过？

邢　走了约三十年，主要地区大概都去了一下。（笑）我的书《画外之意：汉代孔子见老子画像研究》有较详细的考察记录。[1] 为什么要刊布我旅行的经过？有些材料今后不一定能看到，即便能看到，也不一定还是那个样子。另一方面也借记录说明，仅靠出版的拓本图录是不够的。各地到现在还有很多尚未公布的材料。太多了。不走一趟，就不知道。当然，我也借此纪念并感谢在过程中帮助我的朋友。

马　还有很多来源不明，根本不知道是真还是假。

邢　对！（笑）这是当前一个很大的问题。因为现在大家有钱，很多人开始玩古董收藏。按文物法不准买卖

---

[1] 邢义田，《画外之意》下编《画像石过眼录》。

一定等级以上的真文物。有需求，那怎么办？作假嘛。（笑）这变成新手做文物这类研究的一个难题，需要面对材料的真真假假。如果没有考古简报，没有正式的发掘报告，譬如说在香港摩罗街买卖的，最好笑笑，千万不要当真。（笑）十件中大概有九件半不可靠。

马　除了看原石的细节外，田野调查对研究画像石还有什么帮助？

邢　还有很多。例如看图录往往只见到一个平面的拓片，侧、背面的建筑构件或残痕往往被遗漏。画像石原来见于某一墓室的壁面，我们需要知道各幅画像在室中的位置及其与其他画像的关系，因为它们原本是一个整体。这些关系在图录中往往看不到或不易掌握。例如《中国画像石全集》将画像一石一石拆散，失去结构性。可是田野调查一入墓室，室中结构即呈现眼前，一目了然。

马　图录常是选一些比较漂亮和完整的，残损较严重的常被割舍掉。

邢　是啊！有些零碎的残石上说不定有无人注意的重要信息，不收录就没有人知道，到田野中反而有惊喜瞥见。记得前后几次到济南、济宁、济阴和徐州，都曾有意外之喜。

马　您现在还定期到大陆或别的地方做田野吗？

邢　现在很少了。（笑）年纪一大，力不从心。有些东西在博物馆，有冷气，（笑）有些仍在出土地，下乡蛮辛苦。它们的保存条件都不一定很好。说实在，田野调查比处理简牍释文要辛苦。像做佛教石窟艺术的就更辛苦，要走访敦煌、云冈、龙门石窟，各地不见经传的石窟更是多得不得了。有些集中在一个区域，有些散在小地方。真要深入研究，都得去跑！很花时间和精力。

马　或许是这个原因，您的学生主要都学汉简。（笑）

邢　学画像的到现在只有两位。

马　她们现在还在研究画像吗？

邢　有一位已经获硕士学位，在台北故宫博物院工作，另外一位在台大艺术史研究所念了硕士，然后到日

本京都大学念博士，目前在写论文。不过她们都改了方向，和我以前教她们的没关系了。（笑）

马　这真的很不容易，我很惊讶您对图像材料的把握可以达到那种程度。就像您前两年在香港中文大学做的那个印绶演讲，我没想到您可以找出那么多相关的图像材料。（笑）

邢　是啊！我谈印绶，以前几乎没有人注意汉画中的绶带样式。其实不能怪大家，因为像前面讲的，图录的图缩得很小，绶带十之八九看不清楚。

马　他们以为是衣服的带子。

邢　对啊！很多人没注意，也没仔细看。只有去看原石刻，才发现原来那么清楚！

马　还有就是颜色，拓本看不到。

邢　对，颜色看不到。

马　颜色就是您一个非常重要的证据。

邢　颜色非常重要。很多的颜色是跟一个人的身份有关，有明确的身份象征意义。例如印绶随官职高低使用不同的颜色，清楚表明身份的高下。马车的车盖和车辖颜色、官员和平民衣装的颜色和质料,也都用于区别身份。可是这方面的问题,到现在还缺乏很有系统的梳理和讨论。

马 非常期待,这篇文章什么时候发表?

邢 文章已经写好。在香港中文大学讲的时候,文章还没完成,我只是做了一个幻灯片。我在北京大学曾讲过一次,收入北大文研院所编《多面的制度:跨学科视野下的制度研究》。目前的稿子比在北京大学和香港中文大学讲的更为完整,收入台北联经出版事业公司出版的《今尘集》。[1] 我的文章会不断增补、修改,没有定稿,出版社和读者都感头痛,大家要注意哪个版本比较在后。我很感谢有多次演讲的机会,因为不断地讲,实际上是一次次设法去说服听众,让听众觉得你讲得有道理。再者,讲了才

---

[1] 邢义田,《从可视性角度谈汉代的印绶与鞶囊》,香港中文大学历史系等主办,"丘镇英基金访问学人:邢义田教授公开讲座",2019年3月8日。此文已收入北京大学人文社会科学研究院编,《多面的制度:跨学科视野下的制度研究》(北京:生活·读书·新知三联书店,2021),页43—106;邢义田,《今尘集》第三卷(台北:联经出版事业公司,2021),第3卷,页219—272。

容易发现某处论说不畅,论点有漏洞,逻辑或材料上必须补洞,才更流畅自然,水到渠成。所以写一篇文章往往要经过长时间反复修改,快了难有好货。(笑)尤其是我脑子不好使,下笔挂一漏万。初稿也许不耗时,修补起来就没完没了,遥遥无尽期。

分寸的拿捏

马　我发现您的研究主要都是用论文或者个案的形式进行,比较少写一本完整的书,这是您自己的选择,还是有别的因素?

邢　这是我自己的选择。因为要写一本完整的或通论性的书比较难,如果还没掌握好一个时代的轮廓,如何可能概括好那个时代?与其大而无当地通论某课题或某时代,不如先好好理清细部,为后人更上层楼或重建一个时代,添砖加瓦。

　　前人似乎至少有两种做法。有一些人喜欢先建立或借用一个框架，提出某个假说（hypothesis）；又将这个框架分成几个相关的部分，然后针对每个部分去构思怎样写。写完，整体就完成了。好处是，写成的每个部分与整体框架有关联，构成一个大的理论或论点；坏处是，所立假说常先于自己对各部分的充分认识。随着材料的增加或自我认识的增进，不能不觉得今是而昨非。可是不少人有一个倾向，不是去修正自己的假说，而是有意无意间朝着对自己有利的方向解释，拼命弥缝保护己说。因此，引用和解释材料不免因倾向性而失去客观，更糟的会刻意隐藏或规避不利的证据。例如心中先有个某某理论，预设框架，再去解释，土地制度也好，赋税制度也好，社会制度也好，把材料都塞进那个既定的框框，塞不进的就假装不存在。这样写出来，立论看似宏伟，洋洋洒洒，不久即梁倾柱倒，雨打风吹去。

我不想这样做。不想照预设的蓝图去盖三层或五层的房子，而是先打地基，从第一层开始，一层一层盖上去,盖到几层算几层。(笑)希望盖成的部分够坚实,后人继续往上盖,不会垮就行。这应该跟个性有关。我发现做学问做到最后都跟个性有关。我一向不喜欢被计划或既定路线、思路捆绑,且战且走,自由自在。(笑)写文章求个心安自在!自己心不安,怎么叫读者心安?推论、猜测会不会令人不安呢?不会。推论和猜测都是历史研究必有的一部分,关键在拿捏好分寸。

我常靠想象推论,文章多有猜测。史料有限,不能不像侦探,利用一点点的线索和推理,游走在证据的边缘或以外。这是史学研究富挑战性,也是最有趣的地方。(笑)胡适说有一分证据说一分话,如果没证据,是否就一分话也不说?怎么把说或不说、说多少的分寸拿捏好,应是史学工作者要学习,也是判断一部史学作品高下的关键。有趣且富挑战性的问题通常证据不足,线索有一些,其他必须靠想象去填补。我们用想象到什么程度,却仍具一定的说服力而不算离谱,是一大挑战。一旦新出土的材料能够证明早先的想象或推论，这种快乐实在难以言喻，也是我做研究至今最大的动力。例如我以前谈汉代案比在乡或在县，前贤如王毓铨（1910—2002）和池田温（1931—2023）都认为在县，我推论应由县主持，但在乡进行。后来《二年律令》简出土，证实了我的推论。这令我颇感快慰。了解我的意思吗？

马　我想，因为我已经成为您的读者很多年，所以大概了解。有时候，我不一定同意您的意见，但是您永远能带给我一些新的东西。

邢　我很高兴看到有不同的意见。因为一个人瞎想，总有犯错的时候，不同的看法可以帮助我们反思和觉察错误。

马　其实，我觉得这个非常重要，但怎么掌握您刚才提到的"分寸"，我觉得非常困难。特别是年轻人，像我们这一辈做出土文献的，都很急着写文章。网络上每天都有新文章，但是我自己心里就很不安，因为很容易有错误。有时候，我们只看到整理者在自己的文章里引用一个材料，还未看到图版，就立即去做推论，其实是蛮危险的。

邢　我也有急的毛病。新材料不断出来，有时候很快写了，很快就发现自己错了。（笑）因此，才会一稿、二稿、三稿……不断地去修改自己的文章。这确实有点难。

马　我们是否应该把网络和纸本上发表的文章，区别开来？画一个比较明显的线？因为，纸本的文章都有审稿，但是网络的文章没有审稿。我们应该怎样把握呢？

邢　新材料出土这么多，有些人可以先看到，有些人没有机会看到。对发掘者或那些有机会先看到的人来说，他们不藏私，先把材料和初步认识抛出来，抛砖引玉，对错是非由大家讨论。现在大家都有出版压力啊！这是现实问题。大家要填年度成绩报表，列明一年发表几篇论文才能升等。您刚刚说把两者区别看，有时候很难！武汉大学简帛网现在引入审查制，编辑先看，已不是来稿照登，也许不是那么严格。我觉得严格不严格，各有优劣。宽松一点的好处是让大家自由地抛出意见。同意不同意，相信不相信，各人根据自己的能力去判断。这样可以鼓励百花齐放，对不对？（笑）如果太严，说不定有些好意见就发不出来。分寸拿捏因人不同，很有想象力的意见，通常会被认为过头，就扼杀掉，也不见得好！

我不反对在简帛网上发文章，也经常看，有些年轻人确实有很好的意见。每个人都有一双眼睛，我们看到这些，别人看到那些，可以互补不足。要看得多，才知道怎么去"披沙拣金"，对不对？我们必须学会判断哪些可以捡，哪些可以不顾。（笑）网上文章良莠不齐反而让我们有机会磨炼判断力，不也很好？反正我们就想象上网看文章如同到河里淘金，判断力强就能从沙中见到金子；要不然，金子都被沙子淹没，或沙子被当成了金子。（笑）

材料与方法

马 我不知道可不可以这样形容：您是比较看重材料多于方法？

邢 基本上我确实比较少谈方法和理论。只有在谈图像的时候稍稍提到读图的方法，而且是低层次的方法，不曾谈论过什么艺术理论。我喜欢在发掘问题和理解材料上花功夫。不谈理论背后的一个原因是早年的经验。大学的时候曾沉迷在理论和方法的大海里。那时有一门课叫"史学方法"，当时的风气非常讲究方法论。大家认为没有学好史学理论和方法，就没办法做研究，所以有专门教史学理论和方法的必修课。几十年来，眼见一波波欧美传来这个主义，那个主义，这个理论，那个学派，多得不得了，一直到"后现代""后后现代"。（笑）风潮一波接一波，流风一转，红极一时的高论瞬间可化为清风，只等史学史的专家去收拾残骸，竖立墓碑。史料基础坚实的才经得起时间的淘汰。经过长期的实践，我逐渐相信史无定法,不论白猫黑猫,能捉老鼠才是好猫。我们真正要面对的是如何解读和利用史料,(笑)理论方法再妙、再动人,若不能有效解读史料,构成较合理、有说服力的历史画面,都属无益。到史语所工作后,感觉史语所讲究史料的传统还是比较有道理的。

这就是为什么在退休前,我会暂搁秦汉史,先去整理居延汉简。退休之前几年,曾考虑在有限的几年内写一部秦汉史。其实已写了几百页,完成一部秦汉史应该是退休前对自己一个不错的交代。但新的材料不断出土,一部秦汉史写得再有创见、再精彩,几年之内就成了明日黄花。再一想:居延汉简收藏在史语所,前辈们整理和出版图版与释文已是六七十年以前的事。后辈如我,是不是有责任利用近年较好的技术和印刷条件,为这批材料整理出一个较可用的版本?这样的价值和贡献是否可能长远些?为公为私,最后决定暂时放下秦汉史,先和同人一起努力(图45),重新整理和出版具有史料

图 45 2015年9月22日大陆学者陈伟、刘洪涛访问简牍整理小组于库房提件室
自左至右：高震寰、刘增贵、邢义田、陈伟、刘洪涛、颜世铉、黄儒宣、刘欣宁、石升烜

意义的居延汉简。[1]

马　除了比较研究，您也非常关注中国和罗马两个文明之间的交流，特别是交流的过程。过去很多人关心这两个中心之间的交流，但中间过程是怎样，究竟发生什么事情，就比较少留意到。您是怎样走进这个领域？这个领域要掌握的材料非常多，不单是学中国史或罗马史可以了解，特别是有关中亚的材料。

1　新整理本在2014—2017年间分四卷出版。简牍整理小组编著，《居延汉简》（壹—肆）（台北："中央研究院"历史语言研究所，2014—2017）。

邢　中国古代跟域外的交流其实很早以前就有很多学者关心，不管是中日学者，还是西方学者，讨论非常多。上硕士班时，曾读方豪老师的《中西交通史》，后来到夏威夷大学又读到普林尼（G. Plinius Secundus，23—79）的《自然史》（*Naturalis Historia*）和罗马4世纪史家阿米亚鲁斯·玛奇尼鲁斯（Ammianus Marcellinus，约330—约391到400年间）的著作都提到印度和所谓的中国（Seres），并知道张星烺先生早已将罗马文献中和中国有关的部分摘译出来。这引起我极大的兴趣。[1]可是我认为，要真正认识古代中国和地中海世界的关系，建立具有说服力的说法，很重要的一点是如何去交代清楚中间的过程。此外，最好还要能说明促成交流往来背后的动力，是哪些力量诱发了物质或非物质文化的流动。如果能清楚

1　参邢义田，《古罗马文献中的中国——张星烺著〈中西交通史料汇编〉所录罗马记载"中国"译文订补》，《食货月刊》14.11（1985），页79—90；邢义田，《汉代中国与罗马关系的再省察——拉西克著〈罗马东方贸易新探〉读记》，《汉学研究》3.1（1985），页331—341。收入邢义田编，《西洋古代史参考资料（一）》（台北：联经出版事业公司，1987），页183—224。

交代这些，流动不管从东到西、从西到东，从南到北或从北到南，才比较有说服力。这要花很多时间留意线索，一点一点去完成拼图。

马 您是怎样整理这么多来源完全不一样的材料？有一些当然要看书，有一些要跑博物馆，有一些要实际走访遗址。我想，您写一篇文章的过程应该很长。

邢 花很多时间啊！慢慢累积。我脑袋里问题多多，通常不会单单为某一个问题去翻书、跑博物馆或走访遗址，而是心中同时关心着一堆问题，一旦看到某一材料，就会联想到心中的某个问题，然后就抄下或拍照备用，日积月累，估计大约成形，就先成篇。摆上一段时间补充细节，真正发表都在很多年以后。我可以请您看看我积累的纸片，和严先生、劳先生没什么不同，没什么独特诀窍。您看，这些都是我的纸片（邢教授把书桌右面的抽屉拉出，当中存放了他用史语所便条纸抄录材料的纸片）。譬如说律、令、科、比，我以前讨论这个问题的时候，读到有一条有关系的材料，抄在纸片上，叠放在一起，日积月累。你看（邢教授展示另一叠纸片），这是我很早以前写汉简所见军中教育的资料（图46）。[1] 一向不用稀罕的材料，也没有独门功夫。（笑）脑袋中不过是总有很多问题打转，是"问题儿童"罢了。（笑）

图46 用史语所便条纸所抄军中教育资料片，第一页为初步构想

---

1 邢义田，《汉代边塞吏卒的军中教育——读〈居延新简〉札记之三》，《大陆杂志》87.3（1993），页1—3，修改后收入氏著，《治国安邦》，页585—594。

马　如果是图像资料呢？比方说，您在讲中西交流的时候怎样找出相关的证据？

邢　图像资料难以抄成纸片，方法其实一样。我的电脑里有很多相当于纸片、分类存放的图档，有些根据问题分类。看到和问题相关的图即扫描建档，注明来源，点滴累积而后成文。过去参观每一个遗址或博物馆总当成最后一次，难有下一次，努力拍照。有时不论是否和自己关心的问题相关，都拍。因为谁知道下一刻心里又会冒出什么新问题？原来没用的也许会变成有用。例如在大陆各地博物馆常有革命文物陈列，我常看，以了解国民党当年为何丢了江山。有时看到和朋友研究相关的也拍，送给朋友。例如明代的鱼鳞图册、明清的红衣大炮，回台就送给研究明清的朋友。拍照时有一点很重要，同时拍下说明牌，归档时注明拍摄地点和时间。另外我也做考察笔记，记下值得注意的细节，拍摄细节照片。许多细节在别人出版的论文或图录中，因关注不同而多半看不到。

马 总而言之,您的方法就是多读多看不同的东西,把相关的分别记下来;累积到足够的时候就写成文章。

邢 对对,我从来不单想一个问题,也不会为了一个问题去翻遍所有的书。假设我在读这一本书(邢教授随手拿起放在书桌上的《西方古代的天下观》)[1],看下来可能会想到很多问题,不单单是我写过的天下观。总而言之,问题要多就对了。(笑)我不会把所有的时间都花在解决一个问题上。大概只有在写硕士和博士论文时,为赶进度才集中精神解决一个问题。(笑)这就解释了为什么我的硕士和博士论文都不令我满意。在短时间内,为特定目的赶写出来的,不可能太好。(笑)我不喜欢为某特定主题的会议特别赶写应景文章,也是基于同样的道理。

---

1 刘小枫主编,《西方古代的天下观》(北京:华夏出版社,2018)。

真种花者

马　所以您的研究跟写作没有时间表,也没有计划,随兴收集材料,直到某一刻,觉得可以了,才写出来。

邢　以前听严耕望先生说,他在《治史经验谈》也提到,他好多问题都是放了几十年。[1] 严先生有长期计划,他最后完成的大书《唐代交通图考》,实际上年轻时就开始准备了,几十年后才成书。我则随兴,求一个做学问的快乐,或许是古人说的"为己之学"吧。换一个讲法,周作人先生说:"有些人种花聊以消遣,有些人种花志在卖钱,真种花者以种花为其生活——而花亦未尝不美,未尝于人无益。"[2] 真种花者的境界,我差之甚远而心向往之。

　　我这么说,您听起来,一定感觉有点太高调。事实上以前为考绩、为升等,我也有过长久高调不

---

[1] 严耕望,《治史经验谈》(台北:台湾商务印书馆,2008),页136。
[2] 周作人,《自己的园地》,收入杨牧编,《周作人文选1》(台北:洪范书店,1996),页3。

起来的日子。那段时期研究苦多于乐，常为申请经费、完成计划，为时限前出版论文或专书奋斗。这些都是孔子说的"为人之学"，就是为了别人去做学问，十分无奈。但现实中这又似乎是一个必经的过程，只能接受现实。现在的学术环境不允许像司马迁一样一辈子只写一部不朽的著作；只写一部书在今天大概会失业、饿死。但是我一直告诉自己同时也要写些不是为升等、开会而写的东西，算是一面"为人"，一面有点"为己"活着。退休前有十几年，不再申请或参加任何大小计划。因为一去申请计划，就有义务在一个限定时间内提交成果。那样太不自在。（笑）

退休后是我最快乐的时候，没有时间压力，完全可以写自己喜欢的东西。说实在话，有货才出货，这样也比较心安。我只是为了追求知识的快乐才去写，把自己觉得快乐、心安理得的看法拿出来跟别人分享。至于，别人同不同意，不必再那么在乎了。（笑）《旧约·传道书》说："人能够在他经营的事上喜乐,是最好不过了。"大概从学生时代起,我就这样觉得(图47)。

图47 台大研究所时代所刻橡皮章"追求至乐的人"

此外,我同时提醒自己,虽然自以为心安,每个人看到的都不一样,千万别以为自己写的就一定对。看到别人有不一样的意见,就要先问自己的盲点在哪里。为什么同样的材料,别人看到的是那个样子,跟我不一样。是我错了吗?还是别人有误?我不觉得修改认错有什么可耻。(笑)不论出于自省或朋友的指正,发现有错就改!很多文章,从最早的版本、中间的版本到较新的版本,我不知改过多少次。有错很正常,不知改正才是问题。这一点,裘锡圭先生做过很好的示范,我是从他身上学到的。

马　这个态度我觉得非常好。

邢　几十年写了不少东西,从来不认为有哪篇是定稿或已成定论。两三年内有同行觉得还值得一看,就不错啦。这年头新材料不断冒出来,说不定哪天值得参考的就变成了批判的对象!(笑)要有这个心理准备。

"细读"的艺术

马　我跟您谈话,学到很多东西。如果只看您的文章,不知道您是怎样把论文写出来的。

邢　您今天既然来了,就请您看看。(邢教授从书柜里拿出一个文件夹,当中收满了他自己的摹本和画作。)这些全是我自己描摹的,也就是文章插图的底稿(图 48.1-2)。您知道为什么要画这些吗?猜猜看?

马　我觉得您想要掌握那些线条。还有就是,想要感受

图 48.1 安西榆林石窟第 25 窟弥勒经变图中的干闼婆

图 48.2 卢浮宫藏 1—3 世纪罗马石棺浮雕局部戴尖帽的非罗马人

一下当时人怎样去创作这个东西。还有什么?(疑惑中……)

邢 您看我画的都是什么?(邢教授向我展示他画的摹本)(图49)还记不记得跟您讲过的一些话?阅读图版跟阅读文字有共同的地方:在方法上,都要"细读"。

马 哦!这就等于从前的人抄书,不抄过一遍,你不知道是什么啊!

邢 对!摹画实际上是把每一线条都重复一遍,就跟抄

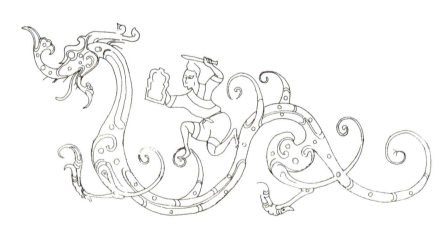

图49 河南御龙画像砖,邢义田线描图

书一样。所以可以帮助我们去注意到每一个细节。摹画过,印象深,比较不容易忘记。还有很重要的一点,摹本常可借线条轻重强调想要突出的部分,也可将残泐的部分根据自己的理解补出,其实这就呈现了自己对原作的掌握和认识。

马 这个很重要,跟您自己试作和书写木简是一样的道理,如果您没有试着制作和书写过,就感觉不到写竹木简和写纸张的异同。有了经验,您可以揣摩他们的困难,特别是您讲到的体积和重量的问题。不单只要有一种想象,还要设身处地去想象。

邢 对!要回到那个时空脉络去,要想象他们是怎样去刻的,怎样去画的,怎样去写的,要写要画,没有桌椅怎么办?如果模拟一下,例如在竹木简上书写,比较能够想象古人会怎么做。这就是我刚才讲的,我们要设身处地,多注意"细节"!

马 您是从细节出发的。

邢 我从细读文献和图像得到非常多的好处!《伏几案而书》一文就是一个靠细读和想象的例子,得出和一般很不一样的看法。[1] 柯南·道尔（Arthur Conan Doyle，1859—1910）写福尔摩斯探案，在《血字的研究》那篇名著里不是说过吗？"一个善于观察的人，如果精确而系统地观察他所接触的事物，将可大有所获。"我所谓的细读不但精确、系统，还要有想象和合理的推论。我们和福尔摩斯当侦探一样啊。侦探破案常靠发现别人没注意的细节，从细节推论，牵出更多的线索，最后逮到真凶，道理一样。

---

1 邢义田，《伏几案而书——再论中国古代的书写姿势（订补稿）》，收入氏著，《今尘集》，页 576—629。

第三章

新时代的挑战与回应

出土材料的挑战

马 现在我们看到的一个问题是：出土材料越来越多，要不停地追赶。大家都感受到压力（包括我在内），面对这么一个压力，我们应该怎样回应？这是一个很大的问题，不同人会选择不同的回应方法。有一些人一看到新的材料，就先写；有一些则坚持说，要先等一下；又有一些会觉得要看不同材料的性质。您怎么看呢？

邢 对这个问题，没有什么固定的答案。（笑）我有时候会写一些札记给简帛网，但是也会不断修改。有些时候想再等一等。这些情况都有，我是跟着感觉走，没多想，（笑）也不会感觉有压力。想要跟别人分享的时候，就分享；如果没有什么想法，摆在那里，先暂时不管。

我现在的情况跟大家有点不一样，因为我现在完全没有压力，有时甚至会想：以后这些网站都不看了。（笑）因为出版太快，新东西太多，说实在话，也没时间看。上博简、清华简、安大简瞄一瞄，就算了；三国吴简出版，早期还看一些，后来就放下了。每个人的时间都有限，留些给别人去操心。（笑）

我觉得像您，现在最重要的是怎样将已经发展出来的题目，继续深化、延伸和扩大。我们刚才说"细读"，您已经很能细读。但是现在要把这一个阶段的工作不管写成论文也好，写成书也好，做一个总结和交代。一方面是对自己交代，一方面是对学术界交代，使自己先保住工作，有机会升职。您才刚刚开始，前面还有很长的路要走，先完成这些有急迫性的。但是，最好要保持一个心情：做学问不仅仅是为了维持一份工作和升迁，常常自我提醒，为人为己必须做些真正有较长远价值的学问。

马　现在的出土文献有许多是盗掘的，来源不明，没有出土背景。但是它们不能说不重要，例如岳麓或清华、北大购藏的简牍。有一些西方学者对利用这些简有所保留。您怎样看呢？

邢　基本上我也比较保留。虽然曾写岳麓简的札记，因为以前参加过陈松长先生的岳麓简读简会，有义务表示一点意见。就像前面讲的，我是问题导向，不会单就岳麓简谈岳麓简。如果谈一个问题，利用里耶简、五一广场简、睡虎地简等，不妨也用岳麓简为辅证。或者，谈《二年律令》《奏谳书》时，有一些相关的材料在岳麓简里，我会把岳麓简当作参照，放在比较辅助的位置，不会以后者作为论证的主体。这是一时能想到的一种策略。

　　对于某些问题，出土背景非常重要，但对于另外一些问题，不涉背景，照样可以谈。例如如果问题牵涉秦系、楚系或三晋文字的字形和书法，辨别区域文字的特点，就非得考虑出土地点。其他的问题譬如说，秦是一个统一的帝国，它的法律适用于全国，不管竹简是在三晋、楚、秦或齐出土，基本上都是秦律的话，就讨论法律概念本身来说，出土地点相对而言，就不那么重要。

我曾看过岳麓简，不能说它是假的。很大程度上也觉得这批简时代可靠，有一定的参考价值，所以不能视而不见，当它不存在。（笑）再如说北大简《赵正书》书法优美，因为喜欢，曾临写过几遍（图50）。（笑）但不觉得《赵正书》讲的故事比司马迁

图50　2016年3月16日临写《赵正书》

（前145/135—?）讲的更可信，也不会去多讨论。

马　部分西方学者认为利用这些材料或会鼓励更多盗掘而且有违道德。过去我们没有发现竹简的时候，盗墓人只去找一些收藏家喜欢的东西，别的东西都不要了。现在因为知道竹简有市场价值，也将其视作盗墓的目标。他们只找简牍，别的都毁掉了。而且真正去挖、做这种事的，是当地一般农民，由文物贩子居中收购，农民可能根本不清楚整个情况。

邢　这个当然，我都同意，包括中国大陆的学者应该也

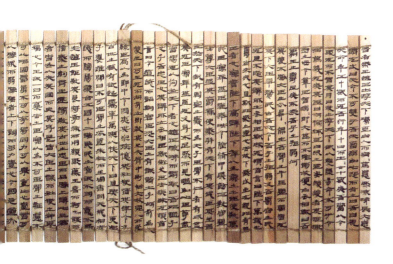

都同意。但是，他们另外有一个论点：如果文物已经流入市场，又是真的，有一定的学术价值，要是我们都视而不见，任由这批东西不能发挥学术价值，是否也有道德问题？

举个例子。清末最早在中药店出现刻字甲骨，当然不是所谓的科学发掘品。如果那时候王懿荣（1845—1900）看到了甲骨，因为不是出土品，认定没有价值，任由"字骨头"当龙骨做了药材，或不去搜集，其子没有转售甲骨于刘鹗（1857—1909），就不会有《铁云藏龟》这本书，甲骨学不知要等到何年何月才会诞生。最早研究甲骨文的除了刘鹗，还有王国维和罗振玉。《观堂集林》中关于商王的世系是王国维从甲骨文中解读出来的。[1] 如果罗振玉和王国维不把来源不明的甲骨文当作研究对象，后来安阳发掘出大量甲骨，很可能会因缺乏先前的基础，必须从头认识起，甲骨文必会推迟很久才能真正成

---

[1] 王国维，《殷卜辞中所见先公先王考》《殷卜辞中所见先公先王续考》，收入氏著，《观堂集林》（北京：中华书局，1959），页409—450。

为一门学问。我觉得用不用非出土品,不能一刀切。盗掘品失去出土信息,当然遗憾;卖到香港,香港又卖回上海或他处,北大、清华和安徽大学已经收藏,你不研究吗?如何在遗憾中争取发挥它们的剩余价值,不也是学者的一种责任,一种道德?

还有一点,不要忘了。您看过王子今先生的《中国盗墓史》吗?[1] 自战国以来盗掘从来没有停过。没有盗掘就不会有汲冢《竹书纪年》和《穆天子传》等。今天有谁不用汲冢古籍?盗掘当然造成破坏,这点大家都承认,但在破坏后,学术界收拾残局,利用在研究上,不也可以说是不幸中的一点"幸"?(笑)放大一点来说,盗掘是全世界的现象,不是中国特色。古埃及和古中东的文物泛滥于今天全世界的文物市场,其中能抢救并进入学术机构的,例如古埃及的莎草纸文书,没听说因道德原因,欧美学者就不研究了。

---

1 王子今,《中国盗墓史:一种社会现象的文化考察》(北京:中国广播电视出版社,2000)。

马 作为学者，我们应该如何应对呢？

邢 很重要的一点就是自己绝不收藏，绝不和以买卖为目的的收藏家或文物贩子搅和在一起。我曾在大陆电视的鉴宝节目中看到某位曾有一面之缘的考古专家"下海"担任鉴宝老师，无物不鉴，令人十分难过。我们起码可以做到不收藏，不出价。博物馆也好，专家学者也好，绝对不收藏来路不明的青铜器、玉器、金银器、陶瓷器、简帛等文物，也不为文物贩子手上的东西鉴定背书。

马 如果已经有人买下，出版了，如何利用？

邢 我前面已说，就看问题。有些问题，可以用为旁证，有些问题就不见得非用不可。可以不用就不用。只能这样。

马 假设完全不用呢？

邢 这种情况似乎不存在。更换研究领域或研究课题，完全避开简牍也是办法。这样并不会没研究课题可做。

马 至少那些已经把竹简买回来的单位，会有人做研究。

但问题是如果他们做了成果出来，可以不参考吗？

邢　这已经发生了。譬如说浙江大学收藏的竹简不就是这情况吗？

马　对。邢文写了一篇文章指出其为伪品。[1]

邢　就是啊！现在的古文字学者辨别简帛金石的真伪，已建立了一定的水平，足以判别哪些可信，哪些不可信。你看看有多少专家投入这方面的研究？他们的鉴别能力已经通过一次次的考验。虽然不排除偶有看走眼，包括顶尖大家在内，其他学者终究能发现，不会跟着走。不要忘了，这种情况在自然科学界照样发生，假设错误、实验作伪、推论误导的多得去了。错误与尝试本是一切学术研究的常态。我相信存心作伪，利用伪证，没有不被揭穿的，迟早而已。

1　邢文，《浙大藏简辨伪（上）——楚简〈左传〉》，《光明日报》2012 年 5 月 28 日，15 版；《浙大藏简辨伪（下）——战国书法》，《光明日报》2012 年 6 月 4 日，15 版。

传世文献的地位

马　现在出土文献越来越多。我发现的一个情况是：年轻学者看出土文献很多，但是看传世文献的很少。

邢　这不好。出土文献即使这么多，不客气地说，迄今还不能动摇传世文献所建立的历史框架。我们对整个历史脉络的认识，基本上没有因出土文物而垮台。我跟每一个学生都讲过，不论研究秦汉简牍或汉代画像（图51.1-2），大家一定要好好去读传世文献。简牍的一个基本特性是：它们是在特定时空、特定的墓葬或遗址中零星出土和分布，有很高的特殊性。它们彼此不必然有关联，如果没有一个传世文献的时空和历史人事框架作为参照，其实很难把它们联系起来。

现在出土文献虽然非常多，但它们能说的故事比较破碎，包括我们非常想知道的，例如秦汉的法律体系。说实在话，虽出土了多批律目简和令简，到今天我们还不能单单用出土文献把它们的结构复

图 51.1　汉代画像研究专题课堂上讲解拓片。摄于台湾大学教室

图 51.2　2017 年 6 月 16 日最后一次在台湾大学上课，课后与部分同学合影

原出来。很多人讨论的问题，例如秦有没有法典？它的体系是怎样？是否有不同的层级？如何分层？结构依据什么原则？令甲、令乙、令丙等有没有更高一层的结构？内史令甲、令乙、令丙又是跟什么在同一个层级上？在这个层级之上还有其他什么？应怎么去认识令和律的关系？出土文献带来很多新认识，也带来很多前所不知的新问题，有时连令名的意义都还难以明白。（笑）这些需要参照传世文献，千万不可把《史记》《汉书》等丢到一边。

马　如果出土文献跟传世文献记载有出入，应怎样处理呢？

邢　是啊，就好像《赵正书》和《史记》出入很大，你能说《史记》一定不对？我完全不敢讲！

马　而且，为什么是《史记》被人选择保存下来，而不是《赵正书》呢？会不会当时的人比较相信司马迁所说的话呢？

邢　理由很简单，据考《赵正书》抄写于武帝时期，讲的那些故事，司马迁会不知道吗？因为《史记》"太史公曰"已经讲了,他知道很多不同的说法。司马迁了不起的地方是他诚实地告诉我们,他的资料从哪里来——从传世文献来的,还是听别人讲,或是自己去旅行,访问当事人或相关的人而得知。他讲得很清楚。司马迁有意让他的读者知道他的根据。根据不同,可靠性就会不一样。当司马迁不能判断哪个说法可靠时,他会把所知道的不同说法都写下来,留给读者去判断。最好的例子就是老子的年寿和年代。老子活了多少岁?跟孔子到底是不是同时代?后来如何?不妨去看看《史记》怎样处理对老子时代的说法。这就是他了不起的地方。如果他假装都知道,也可以这样做啊!是不是?《史记》不提《赵正书》的说法,我认为是因为他评估众说后没有采信,不是他不知道。

关于赵高(前258—前207)跟李斯(前284—前208)到底有没有伪造诏书?那是当时最高的机密。几个人知道啊?湖南益阳兔子山曾出土了秦二世(前230—前207)诏书木牍,诏书所说的是二世刻意想让世人知道的,他不想让世人知道的就不会写在诏书里。很简单的道理。二世特别强调自己"奉遗诏"(图52),力图强调自己的继承具有正当性。如果反着读,不就证明《史记》所说才可能是真相? 政府文告或政治宣传品不是经常需要反着读吗? 益阳兔子山秦二世诏书所说多半是些希望别人相信的内容,诏书木牍是出土品,是真货,但不保证说实话。我们不能根据《赵正书》论定司马迁的说法不可靠;但是我们也没有办法说司马迁又是怎么知道伪造诏书这件极机密的事。

那个年代皇帝旁边不可能无人。不管是多大机密,赵高、李斯和某些侍者就在近旁。赵高跟李斯密谋,很难说完全不会泄漏,只是后人不知道情况到底如何。而且始皇和二世在世时,大家不敢说;秦不久

图52 二世诏牍局部"奉遗诏"三字

灭亡，知情者什么都可以说出来，甚至加油添醋。那时和今天其实差不多，喜欢听宫闱秘闻或八卦。（笑）你想想秦汉之际流传多少八卦？有些甚至被写入了《史记》！秦始皇是吕不韦（？—前235）的儿子即为一例。（笑）司马迁怎么知道它是真是假？为什么把这事写进《吕不韦列传》？根据什么？可靠性在哪儿？我只能说：这是千古之谜！一时没办法解决。总之秦汉易代，各种八卦，真真假假，有文字的，也有口耳相传的，必然满天飞。司马迁判断错误也有可能。（笑）不能说司马迁必然不会错，但是《赵正书》构不成证据，证明司马迁错了。

最近有一本剑桥大学古典历史教授玛莉·毕尔德（Mary Beard）的书 *SPQR: A History of Ancient Rome* 被译为中文。[1] 这本书从罗马共和末，公元前63年西塞罗（Cicero，约前106—前43）揭发卡提林（Catiline，约前108—前62）的阴谋说起。作者

---

1 玛莉·毕尔德，余淑慧、余淑娟译，《SPQR：璀璨帝国·盛世罗马·元老院与人民的荣光古史》（台北：联经出版事业公司，2020）。

在书中精彩叙述了整个事件的经过,并检讨我们后人如何受到当事人西塞罗以及传世罗马史料的左右。她提醒读者要注意历史的另一面:"这段历史难道就没有另一面的说法吗?我们是从西塞罗的文章或透过他的观点才得知这起事件的详细始末,这代表他的观点对我们最具影响力,但这并不是必然表示他所说的一切就是事实,或这就是看待当时事件的唯一方式。"[1] 同样地,我们长久以来对中国古史的认识几乎都被司马迁的《史记》所左右。有趣的是,中国的战国时代到秦亡群雄逐鹿,很像罗马共和末期,都是政治宣传和小道八卦满天飞的时代。很多真相,恐怕像玛莉·毕尔德分析了半天,最后不得不承认:"真像如何,我们永远无法确知。……我们必须永远保持警觉,注意寻找是否有其他对立的说法。"[2] 我们面对《史记》《赵正书》和秦二世的诏书残牍,只能像她所说永远保持警觉性:历史永远有多面性,

---

1 玛莉·毕尔德,《SPQR》,页67。
2 玛莉·毕尔德,《SPQR》,页73。

永远有些处于黑暗中，也永远是谜，发掘不完。

马　除非我们看到其他更原始的材料，或者是不同性质的材料才可以判断。

邢　《赵正书》现在就变成这样一种东西。《赵正书》又是从市场上买来的，出土地点不明，本身有缺陷。很遗憾啊！假如《赵正书》是从某一秦或汉初墓里出土，情况又不一样。

马　因此，不能概括地说，传世文献和出土文献，谁优谁劣。

邢　还是回到以前说的，就是问题导向。什么样的问题用什么样的材料，不能拘泥，也不必拘泥。其实有很多问题大可不必用出土文献。

马　对，特别是那种一般性叙述。

邢　关于一个时代的整体画面，简牍文书里大概都看不到。

马　严耕望先生说读正史，还是有用的。

邢　当然，这个绝对值得。

马　不过，我们现在要处理的材料实在是太多，像严先生的时代要读完整个时代的所有材料是可以做得到的，但是我们现在要读完秦汉所有的材料就没有那么容易。或许我们还可以读，但是能不能全都"细读"，就是一个问题了。

邢 我觉得仍然都可能细读，秦汉材料和后代相比还是相当有限；可以细读到什么程度，每个人就不一样了。传世文献、出土文献和图像材料都需要细读！

马 跟您聊天后，我发现您使用的方法都很基本，没有什么"独门秘籍"。

邢 没有没有，完全没有。我完全是水来土掩，兵来将挡。（笑）就是看问题，用材料。就好像配中药或做一道菜，需要知道"君臣佐使"！哪一些为主，哪一些仅为佐、使，不可主次不明，轻重易位。配一道菜，材料的分量不一样，配料恰到好处才好吃。写论文，知材料的轻重主次，不多不少，有说服力，才是好论文。

谈文字训练

马　我有兴趣想知道的一个问题是,您怎样去训练研究生?您刚才讲的都非常有道理,但是如果是训练一个学生的话,要怎样去做?

邢　这个不完全是老师的问题,得看师生双方。对不对?今天跟您谈的,其实没有什么特别,平常我跟学生也是讲这些。运用之妙,存乎一心啊!(笑)能体会多少,掌握多少,知道怎么去用,全在乎学生自己,老师点拨原则,其他就没办法了。

马　我看到您的学生祝平一写了一篇文章提到您给他的基础训练。[1]

邢　那是很久以前我教他的,就是怎样写一篇学术论文。写学术论文,以我的认识,基本目的是要能说服读者。逻辑结构一定要清楚,一步一步发展论点,提出证据,逼出结论。这需要练习。很多研究生刚刚

1　祝平一,《在前 PC 时代和邢义田老师学秦汉史》,"历史学柑仔店"(https://kam-a-tiam.typepad.com/blog/,2019.01.11,读取 2019.07.04)。

开始，写作经验不够的话，就会写得东倒西歪，对不对？

马 对，我从前也是这样子。

邢 要慢慢练习，没有什么诀窍。基本上我很强调驾驭文字的能力，就是怎么写辩论性的文章。论文有很大成分就是跟别人辩论。无论赞成或反对某人的观点，或者表达自己的意见，最终是希望证明己说，说服读者。不过我也常常用导游当比喻：我们就好像一个拿着小旗的导游，要让参加旅游的人知道我们在哪儿，下一站可到哪儿，再下一步，可看见什么；读者只要跟着我们，就可以一路顺畅看到沿路和最后最重要的风景。老师也是当一名导游，（笑）写论文也是当导游。写论文如果没布局，就好像导游没计划，没路线，往东带一下，往西带一下，七绕八拐，最后最重要的风景——你的结论，丢掉了。理论就是这么简单。（笑）可是怎么做到，秘诀就在反复练习。我一直鼓励学生一定要多写，而且不断修改，直到文字和说理都顺畅为止。

马　你会鼓励他们找一个学习对象吗？

邢　曾介绍过很多，譬如说余英时先生。余先生的文章写得非常好，我很喜欢。他的文章没有花哨的文笔，说理和引证都明白清楚，结论水到渠成。不论读者最后同不同意他的观点，他的写作方式值得学习。

马　因为我发觉大家都认为中文是母语，没有很多人强调中文的表达能力，但这跟我去美国读书时所受的训练很不一样。怎样去组织、说服你的读者都成问题，有时一篇文章要重写很多遍，但是在中文写作里，很少人会注重这个问题。

邢　台湾历史系的老师过去的确很少去教这方面。虽然有史学方法课，但是几乎全讲些理论。我跟您的经验一样，非常感谢教罗马史的施培德老师和教中国法制史的马伯良老师。我原习惯使用中文写作，到夏大读书才开始用英文写论文和报告，他们改我的英文，一字一句，令我收获很大。记得上马伯良老师的中国法制史课，写了一篇学期报告谈汉至唐代的律博士，马老师觉得我的论点很有意思，仔细批改我的英文，使我明白英文该怎么写。我后来用中文增补改写这篇报告成了《秦汉的律令学——兼论曹魏律博士的出现》，也成为我在《"中央研究院"历史语言研究所集刊》发表的第一篇论文。过去没有老师告诉我怎么去辩论，但到夏大发现外国老师在他们的学术传统、学术环境里，辩论和写论文都有一套方法。他们告诉我怎么去组织、运用证据发展论点，我才明白他们的论文原来是这样写成的。所谓写论文无非是一个提出观点，辩论和说服的过程。

马　您后来写的中文论文也有吸收了这些方法吗？

邢　当然，后来吸收了这些方法。

马　我看您的文章，跟别的学者有点不一样，就是我很快可以抓到您想要讲的是什么。传统学者主要都是考证，他们的观点最后就藏在一个小小地方，你能看到就看到，你看不到就不知道他说什么了。所以，我觉得论文的表达非常重要，从前很少人去讲，也没有人教我们怎样做。

邢　严格说,并不是到夏大读书才开始学到这些方法。我在台大读研究所时,有一位研究近代史的老师叫郝延平(图53),现在的学生或许不熟悉。他哈佛毕业,在美国教书,博士论文写清代的买办制度,已出版成书。[1] 他回台大客座,教史学方法的陶晋生老师请他到班上来讲。郝老师写的买办制度原用英文,但是他把主要想法用中文浓缩成单篇论文。他为我们讲解这一篇的写法,然后要我们自找题目,自己做练习。大家都觉得很有收获。记忆深刻的一点是他教我们每一个段落要有主题句(topic sentence)。这个方法十分简单,虽然比较"八股",但是可以非常简单有效地帮助我们

图 53　郝延平老师

---

[1] Yen-ping Hao, *The Compradore in Nineteenth Century China: Bridge between East and West* (Cambridge, Massachusetts: Harvard University Press, 1970).

去组织一个段落和一篇文章。练习多了，可以去变化，写出来的就可以不那么八股。这个方法可以让读者很清楚地掌握到我们想说的。刚到美国读书的时候，写的文章不够好，说实在话，因为英文也不够好。（笑）可是那时因为知道一点洋八股，并不那么害怕用英文写论文。（笑）后来在台湾大学、台湾清华大学教书，就把这一套方法教给学生。祝平一是我在台湾清华大学教书时的学生，他后来出国读书，发觉这套方法有帮助（图54）。

马　对，祝先生还提到你要他们写摘要，这个也是很重要。

邢　这是我在夏大念博士时，老师教的。夏大历史研究所每门课几乎都会要求学生写读书摘要。因为写摘要，限字数，需要重组和浓缩，一方面训练怎么抓一篇长文或书的重点，一方面也训练如何组织语言和重述。

马　用这个方法到台湾去教学生，当时可能就比较新一点。是吗？

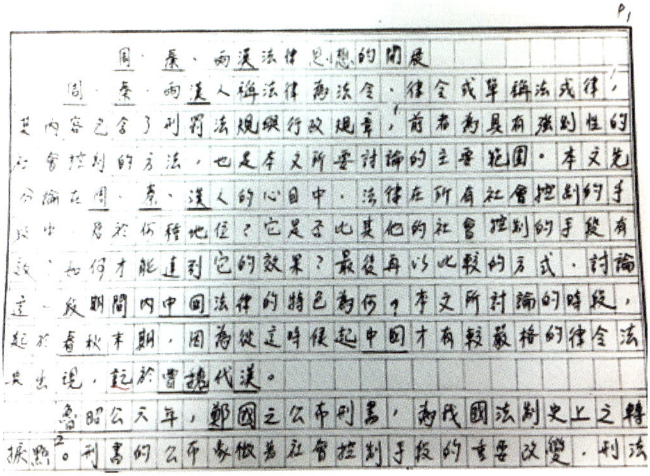

P1

周、秦、兩漢法律思想的開展

周、秦、兩漢人稱法律為法令、律令或單稱法或律，其內容包含了刑罰法規與行政規章，前者為具有強制性的社會控制的方法，也是本文所要討論的主要範圍。本文先分論在周、秦、漢人的心目中，法律在所有社會控制的手段中，居於何種地位？它是否比其他的社會控制的手段有效？如何才能達到它的效果？最後再以比較的方式，討論這一段期間內中國法律的特色為何？本文所討論的時段，起於春秋末期，因為從這時候起中國才有較嚴格的律令法典出現，訖於曹魏代漢。

魯昭公六年，鄭國之公布刑書，為我國法制史上之轉捩點。刑書的公布象徵著社會控制手段的重要改變，刑法

图 54　祝平一于清华大学时的期末报告影本

采自祝平一，《在前 PC 时代和邢义田老师学秦汉史》

邢　早年教研究所时规定，每一位学生每一个星期都要写一篇不超过一页的报告，我会先给读书清单，丢一些问题，学生要从清单中找答案，简短回答。下次上课同学轮流报告，我会批改。以前年轻，比较认真，后来学生一多，常做不到每星期如此了。（笑）

马　您认为您训练学生的方法跟您的老师训练您的时候有何区别？这些区别是由于你们学术背景的不同，还是时代的不同？

邢　每一代老师的作风都不一样，而且每个人都不一样，所以很难说。每个老师对学生的态度也不同。有时写了一个学期报告，有些老师会批示详细的意见，有些老师只给一个分数。（笑）譬如前面说夏德仪老师指导我去读《明实录》，找一个题目做史料比对，这就是一种基本的方法，我一辈子受用。或者如前面所说，郝延平老师教我们怎么写主题句，我也受用至今。反而是那些理论，多半无影无踪。

给年轻人的话

马　前面您谈到，您不想令年轻人有太多的负担，所以不会给他们太多建议，让他们自己去发展。但是像我们刚刚起步的这一辈，前面已经有很多经典著作，在某一个领域里已经累积很多成果，我们怎样去找自己的路呢？

邢　绝大部分的年轻学者，尤其是研究生，常有这样的困扰。许多问题都已有人讲过，我还能做什么呢？您是这样的意思吗？

马　对，但这个只是短期的，我指的是长远的计划。像您关注的，其实都是长远的计划，如传统社会中不变的部分，就是长远的计划。但是，这些计划的发展都有一个过程，如果没有一个长远目标的话，其实很难持续。我看过很多人都是（包括我在内），东做一些，西做一些。它们之间好像有一些关联，但是要发展成一个长期的研究就令人感到困难。

邢　这事恐怕自己要做一些反省。譬如您现在刚刚去澳门大学，开始起步，虽然已经写了博士论文，还有很长的路。发表博士论文只是阶段性的工作，现在的问题是怎样建立一个长期的目标。或许可以去抓一个较大较具贯通性的课题，不限一朝一代。可抓的大问题太多了，因此自己要先想清楚：其中哪些比较吸引我，令我有持续的动力走下去。每个人的喜好和个性不同，没有固定答案，如果问我，我觉得兴趣很重要。

总之，课题要大一点，不能太小。大问题其实背后都有很多小问题，弄清楚就够忙一辈子。譬如说，我对皇帝制度感兴趣，在我看来，这就是一个大问题。因为两千年来，从秦汉到明清都是皇帝当家，在"家天下"这一个框架下发展。我没有真正很深入地研究过两千年皇帝制度的发展，很多必须借重他人的研究，有些部分则必须是自己的基地。基地内的林林总总，要尽可能弄清楚。大问题总是牵涉到很多面，有些涉及思想，如天命观。这是比较高层的。还有制度层面、文化层面，再有一些属比较低层次的，如当时的人事问题。制度与人事流转，官员与官员，党派与党派……罗列不完。一分析以后，可研究的课题没完没了。

重要的是要把时间放长。要掌握中国历史的发展，长期有哪些问题较为关键？这要思考一下。为什么要思考这个问题呢？因为根据很多不同的流行理论，学者们会说政治史、制度史、经济史或军事史都已过时，应该去做思想史、生活史、妇女史、医疗史、信仰史或文化史等等。您都听说过吧？其实需要反思：如果从生活史切入，可以看到什么？又可能错失什么？从文化史切入将是一番什么样的景况？如果同意历史是一整体，从哪个角度切入其实都无所谓，都是方便法门。需要反思的是选择哪条最能掌握历史的主体脉络，见到你最想观看的风景。这好像人体的血脉经络，有主有辅，有大动脉，有微血管。走大路呢，还是走小路？沿路风景自有不同。有所见，即有所蔽。如果都在小路上转，迷失在丛林里，见不到最终最想看或最关键的风景，就可惜了。

马　您对目前的年轻人有何看法？

邢　台湾同学的中文阅读和写作能力都下降了。一方面是因为中学的中文教学时数不断削减，课本中古文的部分大幅减少，又不重视练习作文，能力自然下降；另一方面现在的学生花太多时间在电脑和手机上。他们习惯用手机语言，对用字、措辞和句子结构都不在意，也不在意精准传达，传个"贴图"就算意思表达了。一旦变成习惯，要写真正严谨精准的学术论文就可能手足无措。为求精准，措辞和用字都很重要。以前父母会要求我每天写日记，一直写到上研究所。现在的学生上网和滑手机的时间都不够，谁愿下功夫写日记，学写作？一旦要写论文，哎呀！写出来的文章真的是……（笑）

写论文要从锻炼文字表达开始，很花时间。我们那个年代没有手机、电脑，都用手一字一字写在纸上，字要写得笔画正确、工整。交报告给老师，不能潦草，规规矩矩。现在都是电脑打字，学生根本不在乎笔画。用字措辞粗糙，文法不通，很难纠正。这是普遍的现象，不能怪哪个年轻人，不能叫年轻人不用手机啊。（笑）现在每一个人每一分钟都在看手机，我不愿意被手机绑住，干脆不用。不知道您的习惯是怎样？我的小孩，天啊！好像一分钟不看手机就活不了。

马　其实我也是。（笑）我自己的想法就是，手机可以帮助你很快获得一些资讯，现在的人就是不能等，所以没有人看实体报纸，因为要快——要再快一点。而且一想到一些事情，就一定要通过手机说出来。

邢　我了解啊。而且如果有人传一个讯息给您，他也预期您赶快给他一个回复，是不是？

马　对，还有电邮。现在好像有种压力，如果有一个电邮寄来，隔两天你不回信的话，对方会认为一定是有点问题。这就是沟通方式不一样，工具都不一样了。

邢　我知道，所以不怪现在的年轻人。

马　但您会不会觉得有一些有用的地方呢？

邢　当然，网上的资讯非常快，有效率，及时现场就把消息传遍世界。（笑）这个是以前做不到的事情，当然有好处。像考古发现，很快就知道，图文都有了。游逸飞那个微信群组马上把所有的消息传开来。

马　而且，以前读书是从目录学开始，现在似乎不需要了。

邢　很少人读目录学，都用 Google 查，目录学成了"谷歌学"！（笑）时代改变，工具改变，速度改变。这就是新时代,有得有失,没有什么话可说。我幸好已经退休,可以不管。要被淘汰,就被淘汰。大江东去,浪淘尽古今英雄,淘汰乃自然之理,勿伤勿悲。这点我深有觉悟。

马　没有没有,我觉得不会。

邢　哈哈,一定会。所以也不觉得自己的经验对年轻人有什么用处。因为整个都改变了。能要求年轻人再去抄卡片吗?不可能啊!您要来访问我,所以我像白头宫女话天宝遗事,说些遗事给您听听而已。(笑)有人想知道就知道,不想知道也没有关系。每个时代有每个时代的潮流,一波一波,长江后浪推前浪。对不对?

马　我觉得您这个心态非常好。

邢　总之,不要自以为掌握了真理或什么最后的答案。(笑)以前说学历史可以以古鉴今,能对当代提出一些建议,可是我不觉得自己现在可以提什么。(笑)古代的经验对今天有什么帮助?说实话,很难说!时代变化太快,很多新的经验、新的问题,历史上没有啊。(笑)大家关心的东西也不一样。如果从一个功利的角度去看,今天大家不太重视历史,正是今人觉得历史没有用!可是你我是学历史的,我们能告诉今天的人历史很有用吗?说历史非常有用,别人听不进去又奈何?我自己当然觉得历史非常有用,可是怎么去说才能让今天的人相信历史有用?如果从一个功利的观点去看,说实在,很多过去有用的,现在不一定有用了。

我们必须从功利以外,比较高或超越的角度去思考。什么是比较高或超越的角度呢?简单来说,不是分析或研究某一个或某些特定的人、事、物,而是较广泛地从人类发展的轨迹,总结出某些观察和省思,这些观察和省思可以帮助我们认识基本的人性、思想和行为的倾向和限度。科学再发达,变化再快,我相信只要人还是人(不是从试管复制的克隆人),大则可以在相当程度上把握到人类未来变化的可能方向,小则可以帮助自己汲取前人的智慧,丰富自己的内心资源,面对自己人生的抉择和挑战。

这一高度有赖不断地思考和觉察，非一夜之间可以做到。

如果觉得不容易做到，也可随每个人降低到可及的高度。例如但求过一个追随兴趣的人生。如果喜欢知道古往今来的事，像我喜欢听故事，这种人应不少吧。这些人大可以把历史当成一个个人的兴趣或嗜好。根据兴趣或嗜好做自己喜欢的事，这总可以吧？每个人的兴趣嗜好不一样，嗜好的事情不一定都有用啊！现在的人嗜好赚钱，无妨就去赚钱，可是一边赚钱，一边读一点自己喜欢的书，思考一些自己感兴趣的问题，培养一些嗜好，不涉功利，常人应该都可以做到。

此外，我仍然深信历史知识是文化修养的根本，可以免除自己成为没有时间深度的纸片人，明白人之所以为人的价值和尊严。这不但有意义，而且就某个角度来说，有大用。因为衡量一个社会文明程度的高低，取决于社会大众文化修养的深浅，绝不是钱多钱少。金钱挂帅是今天世界性的现象，美国有个股票大王——巴菲特（Warren Buffett），是很多人心目中的神。近年大陆有一个很红的脱口秀节目，演出的年轻男女明白地说他们的梦想就是能红能赚大钱，能像马云——他们的神。世界上有太多政治人物和社会贤达，不是政客、律师、军人，就是商人，（笑）了无人文素养。演讲中说句话，在 Twitter 上发个信，发音、文法和拼字都会错。这是当今世界的大不幸。他们却能以媚俗的语言和姿态，攻占世界最重要的政治舞台，反映了世界文化普遍的庸俗和媚俗化。说到这里，不免想起罗马史家罗斯托夫采夫（Michael I. Rostovtzeff，1870—1952）在《罗马帝国社会经济史》(*The Social and Economic History of the Roman Empire*) 中的感叹：罗马帝国自 3 世纪以降，无产阶级摧毁了城市和中产阶级，中产阶级奋力建立的璀璨文明也就随风而逝。[1] 想想今天

---

[1] 邢义田《罗斯托夫兹夫与〈罗马帝国社会经济史〉》附〈罗马帝国社会经济史〉第一版序言译文》，《西洋古代史参考资料（一）》，页 157—182。也请参厉以宁、马雍译，《罗马帝国社会经济史》（北京：商务印书馆，1985）第 12 章，页 685—733。

有多少人类文明的结晶沦落成商品,在拍卖市场上叫卖?又有多少低俗的流行正盘踞着今天大众的心灵?周作人先生说的"真种花者但见花美",似乎已成我心向往,梦中远去,可望而不可即的一种境界。

附 录

附录一

变与不变——一个史语所历史学徒的省思

今年是史语所成立的第七十五年,也是我进所工作的第二十一年(1982年至今)。照杜前所长的分期,我错过了筹备创立、塑型鹰扬、动荡困顿和生息复苏的四个阶段,而在"开展多元期"进所,现在则处在"新结构下的新时代"。

这个分期考虑到史语所七十多年来种种因时局动荡和人事升沉造成的变化。如果从史学研究的特色看,史语所自傅斯年创所即被冠上史料派的帽子。经过七十多年,不少人仍然将这顶帽子戴在史语所的头上。[1] 史语所似乎数十年未曾改变,这当然是个较笼统和印象式的看法。

---

1 王晴佳,《台湾史学50年》(台北:麦田出版社,2002),页17—138。

一、与时俱进的史语所

如果稍稍查考,不难发现史语所的史学研究有谨守"家法"的一面,也有与时俱进的一面。因为谨守家法,大家对史语所形成了老大不变的刻板印象。印象一旦形成,史语所如何"与时俱进",往往被忽略。"与时俱进"是傅斯年先生创所时聘书稿中的话。他说:

> 我国历史语言之学本至发达,考订文籍,校核史料,固为前修之弘业;分析古音,辩章方言,又为朴学之专诣。当时成绩宜为百余年前欧洲学者所深羡而引以为病未能者。不幸不能与时俱进,坐看欧人为其学者扩充材料,扩充工具,成今日之巨丽。我国则以故步自封而退缩于后,可深惜也。[1]

---

[1] 参杜正胜,《无中生有的志业——傅斯年与史语所的创立》,《新学术之路》上(台北:"中研院"史语所,1998),页23。有关史语所早期资料皆引自此文。本文不及查核原书原档,有违"史料派"原则,一时只好如此。

他在聘书稿里接着强调不能"抱残守缺",要取得"日新月异"的材料,借自然科学为工具,以期获得新知识。依他求新求变的逻辑,应不会要谁"故步自封","恪尊家法",永不改变。

话说回头,如果和从理论出发、人多势大的"史观派"相对照,史语所的确有强调史料、不为历史发展阶段定性、不作全盘通论的特色。或许由于史观派占据中国史学领域半个世纪以上,史语所作为近代中国史学史上的一个"对照组",长期笼统地被归入史料派,也是可以理解的。

由于入行为时甚晚,史语所的前五十年,对我而言属于传闻世。传闻世的种种,前辈仍在,所知比我亲切得多。以下主要就我进台大历史系当学徒,三十多年以来的亲身感受,来说说以史语所和台大为代表的台湾史学界如何与时俱进,以及史语所变中之不变。

史语所史学研究的一大特色可以说是不断随着西方的史学潮流而起伏。史语所虽然重视史料考证,被视为乾嘉余孽,其实自傅斯年开始,即不以故步自封的乾嘉朴学为满足，而以西方汉学为标杆。七十多年来，受西方一波波潮流的影响，变化的大势一言以蔽之，是由追求历史客观真相的科学主义时期，逐渐转入相信"一切历史都是当代史"的相对主义，甚至是后现代主义的时代。

史语所成立后的前四五十年可以划入前期，后二三十年可以划入后一时期。这样的分期，并非绝对。这不表示前期一无变化，或近二三十年就不再有人以追求历史真相为志职。相反，前期中，即使是和傅斯年极亲近的人，也不见得对所谓科学和真相那般有信心；在后期，仍有同人坚守家法，只是主流在不知不觉中已物换星移。

造成变化的内外在因素当然很多，这里无法做全面的讨论，一个关键似乎在于，从一开始，史语所即由一批决心与"国故"说再见，师法西方，企图在中国建立新学术的留洋派所掌握。史语所的成员尽管不都是留洋派，留洋派一直到今天仍带回一波波的新观念，左右着整体的方向。我说史语所与时俱进，主要是指一批批留洋派在不同的阶段所造成的改变。以下先从改变的一面说起。

二、留欧派和科学主义史学的建立

第一波就是以傅斯年为代表的留欧派。他无疑是以他所认识的西欧史学为典范,并以此规范了史语所的路向。他相信借助诸如语言学、考古学、古生物学、古地质学等等科学的新方法,以扩充的新史料,必定能够建构出像地质学一般客观科学的新史学。这是大家都知道的事。

这里打算做两点补充。第一,所谓的科学的史学或兰克史学在中国史学界变成一种典范,除了大家印象中的傅斯年,是不是有其他的鼓吹者?据王汎森研究,傅斯年并没有什么兰克(Leopold Von Ranke,1795—1886)的藏书,一生谈到兰克也不过两三次。那么是谁在鼓吹呢?我没有做过全面的考察,只觉得似乎不应忽略1934年,由德国回北京大学代傅斯年教授史学方法的姚从吾先生。

姚从吾比傅斯年还早到德国。1923年2月,姚先生入柏林大学从福兰阁(Otto Franke)和海尼士(E. Haenisch)

研究蒙古史和史学方法。后来在波恩大学和柏林大学汉学研究所教书,留德前后达十一年之久。[1] 傅斯年于1923年秋,由英转德入柏林大学。据毛子水回忆,他们数人在德过从甚密。1934年夏,姚从吾在傅斯年力邀下返国,任教于北大历史系,开设匈奴史、辽金元史课程,并接下原由傅斯年所开设的史学方法课程。

据上过课的邓广铭先生回忆,姚从吾的史学方法导论完全是依靠德国一位历史学者印行的《历史研究法》"把它译为汉语,然后照本宣科"。[2] 这本姚译《历史研究法》似已不存。[3] 不过,据杜维运整理姚师历史方法论讲义的后记,这本《历史研究法》可能就是伯伦汉(E. Bernheim,1854—1937)的《历史学方法与哲学导论》(*Lehrbuch der Historischen Methode und der Geschichts-*

---

1 王德毅,《姚从吾先生年谱》(台北:新文丰出版公司,2000),页15—16。
2 同上书,页22。
3 2003年12月3日于史语所七楼巧遇王德毅师。王师说他在学生时代曾在姚从吾研究室见到过姚师在北大的史学方法讲义。但是这本讲义后来下落不明。

philosohpie)。[1] 姚从吾推崇吸收兰克史学精华的伯伦汉,也同样推崇稍早的兰克。在一封后来写给门生萧启庆回忆当年在北大念书和到德国求学的信里,姚先生曾说:"到德国后,情形大变了,始而惊异,继而佩服。三年之后,渐有创获,觉 Ranke 和 Bernheim 的治史,实高出乾嘉一等。"[2] 在他留下的一本薄薄的《历史方法论》讲义里,并没有专节介绍伯伦汉,反有一节介绍"栾克(兰克)的治史方法与他对于近代历史学的贡献"。1952—1953 年间上姚先生史学方法论课的杜维运回忆说,姚先生以 1824 年兰克出版《1498 到 1535 年间罗马民族与日尔曼民族史》作为德国新史学的开始。据说,他课上到这里,"脸上突现光采,声音也越发洪亮了"。[3]

据杜维运说,姚从吾从北京大学开始,后来在西南联大、河南大学、台湾大学,前后二十几年,每年都开

---

[1] 陈捷先、札奇斯钦编,《姚从吾先生全集(一)·历史方法论》(台北:正中书局,1971 年),页 77。

[2] 王德毅,《姚从吾先生年谱》,页 20。

[3] 陈捷先、札奇斯钦编,《姚从吾先生全集(一)·历史方法论》,页 81。

史学方法论。他对德国史学的推介和造成的影响，应该受到适当的注意。至少1966年，我在台大听姚、杜二师合开的史学方法，印象中姚师课中的主题仍不脱什么是一手、二手史料，治史应以一手为重，云云。

其次，傅斯年鼓吹追求客观真相的科学史学，但上过他的课，并在他指导下读书的学生，真的就毫无怀疑地全盘接受了吗？似乎不见得。这里要举的例子是刚刚过世不久的前辈劳榦。劳先生不曾留洋，当年在北大念书，曾上傅先生的史学方法一课。正因为此课考试优异，被傅先生看上，才进了史语所。进史语所后，一直在傅先生的指导下研究和读书，深得傅先生的喜爱和信任。[1] 按理说，劳先生应是傅斯年最忠实的信徒。

从劳先生的著作看，他的确恪遵"家法"，以整理、考证和出版新出土的居延汉简为最主要的工作。傅斯年不强调著史，劳先生为贴补生活，除了写过简短的《秦

---

[1] 参邢义田访问劳榦记录，《汉学研究通讯》2：(1983)，页91—94；《行役尚未已，日暮居延城——劳榦先生的汉简因缘》，《古今论衡》8 (2002)，页43—44。

汉史》和《魏晋南北朝史》，著作几乎全是专题论文和以整理、考证居延汉简为主的《居延汉简——考释之部》和《居延汉简——图版之部》。最近偶读劳先生的旧作，发现他在一篇题为《历史的考订与历史的解释》的文章里，一面承认"历史学家的任务只是正确地供给人类经验上的材料"，历史学的将来和考古学一样，会"被逼走上了自然科学的路"，做历史的工作"和做古生物学，天文学，气象学的方法，并无二致"，但他也小心翼翼地借他人的话，指出"许多历史学家认为历史不应当属于科学的范围"。科学的史学会缩小历史学的范围，"无法使有艺术倾向的学者满足的，也无法使有政论性倾向的学者满足的"。[1] 他甚至认为"历史上所发生的事实，是否绝对真实，假如不属于绝对的真实，那就对于所谓'科学方法'，也就有了问题。在此可以解答的，即宇宙中的一切事物，很难得找到一个绝对的正确性，甚至可以说人类尚未发见宇宙中的绝对正确性，但我们平时见到的，

---

[1] 劳榦，《历史的考订与历史的解释》，《中国的社会与文学》（台北：文星书店，1964），页136—139。

自有其正确的限度（limit），只要是走近（approach to）这个限度，我们就可以认为它是正确"。[1] 换言之，傅斯年鼓吹的科学史学，在他入室弟子的心中是有保留和折扣的。当然，我们也可以说，劳先生这篇 1957 年的文章，在傅斯年先生过世多年之后发表，他这时的想法已不同于在大陆从傅先生读书的时代。

劳先生的态度，我不知道有多大的代表性。以我于 1965 年进台大历史系感觉到的大气候来说，以追求客观真相为目的的科学史学，无疑仍是那时的主流。造成这一主流的就是由傅斯年带到台大或在史语所工作的一批前辈学者。大学时，有幸上过由前述姚、杜二师合开的史学方法，由李济和许倬云师合开的中国上古史，由傅斯年侄儿傅乐成师所开的隋唐史，芮逸夫师开的文化变迁和行为科学导论。研究所阶段上过陶晋生师以方法为主的研究实习，陶晋生、札奇斯钦和萧启庆师合开的辽金元史。在台大求学先后八年（1965—1973，其中一年服

---

[1] 劳榦，《历史的考订与历史的解释》，《中国的社会与文学》（台北：文星书店，1964），页 137。

役军中），刚好处在到台湾第一代师长和第二代留洋英美的师长回台接班的过渡时期。

三、社会科学方法治史的新潮流

在这个过渡时期，作为一个成长中的历史学徒，感受最强烈的是师长们一方面强调利用一手史料探寻尽可能接近真相的历史事实，一方面强调要借取社会科学的方法，才能达到前述的目的。

这时所谓史学的辅助科学，已悄悄由傅斯年认可的古生物学、地质学、语言学等变成了人类学、经济学、政治学、社会学和心理学，始终未变的大概只有考古学。没有师长要我们去读古生物学、语言学或地质学，也没有人要我们去学传统的音韵、训诂或文字学。以下引用大学二年级时日记里的一段听演讲的记录，说明社会科学在那时是如何向史学界进攻的：

1967年4月20日下午三点到五点，台大大学论坛社邀请政大政治学教授易君博讲"历史解释与社会理论"。易君博先生是当时讲政治学理论和研究方法的重要学者，也是《思与言》杂志的代表性成员之一。日记里对这场演讲有相当详细的记录。他说社会理论有建构的理论和实质的理论。所谓实质的理论又分为科学的通则（generalization）、科学的定律（law）和科学的原理（principle）三种。通则、定律和原理的区别在于解释力和适用范围的大小。历史工作不是一些记录的累积，也非单纯的描述，而必须做出解释。历史解释要追求事实之间的因果关系，必有赖于实质的社会理论。他说历史工作者掌握的通则愈多，观察的深度也就愈深；反之，历史将陷于一片混沌。通则又可分成尝试性和科学性的两种。以前的历史解释都是根据未经经验证明的尝试性通则，现在则应根据经过验证，科学性的通则。在这一场演讲里，他不但强调以社会理论作科学的历史解释的重要，甚至反驳克罗齐（B. Croce,

1866—1952）认为一切历史都是现代史，历史解释皆主观的说法。

可惜日记并没有记下当时的感想。但在前后的日记里，可以看见我那时在两种想法的冲击下，左右摇摆。一种是科学可信，真相可求；一种是对二者的怀疑。在读梁启超的《历史研究法》后，日记里写道：

> 见他（按：梁启超）自述考证玄奘西行求经出发年代，深感佩服。佩服他的一丝不苟，确切钻研，不得真相不止的精神，佩服他具有科学方法的真本事。同时他使我发现任何定论仍皆可怀疑，任何问题皆不可放过，皆值得研究。

一方面佩服任公的追求真相和运用科学的方法，一方面又对过去所谓的定论表示怀疑。促使我怀疑的另一来源应是卡尔的《什么是历史》。就在记录易君博演讲的前一篇日记里，我提到读《什么是历史》的感想：

近读 Carr: *What is History*，书中曾对雅典民主发生怀疑。这和我以前的一个想法不谋而合。我认为我们现在对古史有一层史料不足征的困难，愈在历史起源的前端，愈是支离的片断，而我们往往仅根据这些断简残编，描绘出古史的一个甚于我们所能知的景况。这种景况中臆测多过事实。而这些臆测是由现在人的思想，想象当时可能的情形而来。而现在的思想的造成是由当今环境塑造的结果。如今的环境和过去的环境相去何止千里。正因为史料不足，对历史想象应采慎重态度的重要，由此可见。

所谓"以前的一个想法"不过就是几天前，约一月二十几日写的另一篇一连四页的日记，题目叫："我们所念的历史是真的历史吗?"。日记劈头就写道：

> 我时常怀疑我们研究的历史到底有几分是事实上的历史? 有历史爱好倾向的人类似乎始终沉醉于历代史家所留给我们的一长串可信的蒙昧中。……

> 虽然近代以来，我们不断希望从古地层中发掘一些更确凿的证据，经过一个多世纪以来的努力，人类学家、社会学家、考古学家可以想见的在短期内仍然不可能改变，至多只能逐渐改善目前这种情况。把历代相传的史书就当作是我们的历史，的确愚不可及。"历史是史家偏见的集合"，把偏见奉为历史，就是自古以来万物之灵的杰作。

接着说道如何用比较的方法将史书中真实和虚伪的部分区分开来，并应将历史送上解剖台，记录下解剖的经过和结果，免得后人重复同样的解剖，也免得虚伪的成分再混入"已知接近真实的部分"。现在回头看，当时显然相信有真实历史的存在。只是困惑于由不同环境塑造出来的今天的人，如何可能还原古代的景况？更何况史料有阙，真伪难辨。对"科学的"人类学家、社会学家和考古学家也不是很有信心。

1970年读研究所，上研究实习。陶晋生师为我们请来政治学、社会学、人类学、心理学等等的学者，介绍这些学科最基本的方法。当时普遍相信,史学研究如果能够借助社会科学的方法,以科际整合的方式,就可以建立起更理想的史学。所谓更理想,是指更合乎科学,甚至像社会科学一样,能为历史发展找出通则或规律来。自美国留洋回来的许倬云和陶晋生,可以说是这一波以社会科学方法治史时期的代表。许师担任台大历史系主任,强调社会经济史的研究;陶师恢复《食货月刊》发行,协助食货讨论会,也以社会经济史为主轴,使我们这一代的学徒受到很大的影响。[1]

不过,在史语所和台大两边兼职的老师中,令我对史语所的"与时俱进"印象最深的不是上述新一代的留美派,而是老一辈由大陆来台的人类学家芮逸夫先生。芮师一边在史语所工作,一边在台大考古人类学系开设人类学方面的课程。他年事虽大,开设的课程竟然是当时欧美人类学界最时新的文化变迁(culture change)和行为科学(behavior science)。他所用的教本都是当时欧美

---

1 参杜正胜,《新史学之路——兼论台湾五十年来的史学发展》,《新史学》13:3(2002),页21—40;王晴佳,《台湾史学50年》,页50—97。

最新出版的著作。令我印象深刻的是，芮师的书上用各种色笔划满了不同的重点，上课时依课本，一点一点讲给我们听。课上也会发下不少英文的相关论文，让我当时竟有一种与世界人类科学同步前进的感觉。

基本上在这个阶段，台大或史语所的师长都留给我十分鲜明的印象，即历史是一种可以借用社会科学方法找到真相的学问。不过，回顾日记，发现那时对"社会科学化"的历史作品竟然感到不满。在1967年11月7日至23日之间某一天的日记里（日记时有中断，或未标明日期），我写道：

> 今天的历史家纷纷树起科学的大纛，顺应时代的潮流，于是历史作品计量化，图表化，公式化……史家们迷失了。他们在不完整的材料上所设立的统计数字，科学吗？不证自明。好了，假如历史应有一些教育的功能，他们一方面当不了科学历史家，一方面连他们本来的价值也失去了。历史作品虽需由专门的史家去写，但他们的作品应是人人都能体会的作品，

而不是只有专家写的,只有专家才懂的图表和统计表。人人创造历史,因此也必须有人人都懂的历史作品。……历史作品应是活生生有血有肉的东西,而不是白骨磷磷的凑合。政治学、经济学、社会学是历史解释和叙述的注脚,而不就是历史本身。

这些想法是从哪里来的,已无迹可求。肯定不是从批评科学史学的沈刚伯先生处得来。大学时虽上过沈刚伯先生的课,老实说,对课的内容没有留下什么印象。只记得上希腊史课时,同学希望他开参考书,他回说你们反正不会看,不必开了。他对科学史学的质疑和对史语所代表的史料派的批评,完全是后来才知道的事。

四、从现代到后现代:科学史学的崩溃

不论如何,沈刚伯先生的质疑预言了此后二三十年台湾史学最主要变化的方向,即由史料自己说话和社会

科学治史的科学主义时期,转向历史当代化的相对主义时代。

历史学是如地质学一般的科学,这是科学主义时代的一种信仰。这个信仰背后有一个基本预设,即每一个历史事件都是一个客观的存在,都有它不变的原本的真相。透过科学的方法,历史家可以将事实真相发掘或还原出来。诚如1968年沈刚伯在史语所四十周年纪念会演讲"史学与世变"中所指出,这样科学主义的看法是欧洲第一次世界大战以前的看法:"史语所成立的时候,世界潮流已开始变动,彼时还不十分显著,可是后来就越变越大。到现在,那第一次大战前所盛行的史学已难完全适用,而新的史学却又未能确实成立,这是现在史学界所遭遇的大困难。"[1] 沈先生还指出,史语所念兹在兹的史料本身"不管现在有什么好方法收集,总是永远残缺不全","人们亲笔写的日记、信札,有时也不见得全是真话",史料既有缺,又不全可信,史学先天上即不可能

---

1 转见杜正胜,《史语所的益友沈刚伯》,《新学术之路》上,页432。

"成为一门完全信而有征的科学"。[1]

在科学主义盛行的年代,像我这样的学徒除了在日记中喃喃自语,并不敢对科学史学公开表示怀疑。即使如沈先生在公开演讲中,对史语所也只是委婉地"提醒"和"微言"(用杜正胜语)。[2] 据杜正胜分析,沈先生是倾向克罗齐和服膺柯林伍德(Collingwood)的。没想到这一路的想法后来波澜壮阔,变成主流,将科学史学几乎冲垮。

史语所近十几二十年是所谓的"新结构下的新时代",其中一个意义应该是一批批更新的留洋派又将新的概念和研究方向带回来,另一个意义是新人的旧学根底和史语所的前辈已有差距。相对来说,史语所前辈在历史研究方面的实质成就,立基于传统旧学根底的,实多于西方的新方法或新观念。要说有新成分,大概在论文写作的形式和探究的课题上,沾染西风,而与传统条目式的考证有了距离。新一辈的同人成长于西式的学制中,大多缺少传统旧学的训练,依赖"西学"的情形自然变得更为明显。

---

[1] 杜正胜,《史语所的益友沈刚伯》,《新学术之路》上,页433。
[2] 同上书,页432—433。

附录一 变与不变——一个史语所历史学徒的省思

大体上说,史语所这一时期的研究主流渐从社会经济史和政治制度史转向思想文化史、生活礼俗史、宗教史和生命医疗史等等方向。这背后除了留洋派,当然也有非留洋派如杜正胜对新社会史的提倡。新社会史内容的拟订,曾有一个集议的过程。除了杜先生自己的想法,参加集议的有不少留洋派。他们对法国年鉴学派和韦伯(Max Weber)等人的理论和著作,如我没记错,十分注意。

西风引入的另一个例子是从思想史转向文化史。当我还在台大读研究所时,林毓生先生从美国回台大任教,引起一阵研究思想史的旋风。1986年台湾清华大学成立历史研究所,即以思想史和科学史为课程重点。大约于1988年前后,从林毓生学思想史的张永堂出掌所务,打算进一步设立思想史研究室。不过因为余英时先生的建议,改名思想文化史研究室。余先生在美国得风气之先,知道西方学界已转向文化史,当时台湾谈文化史的人还不多。我一度承乏史语所历史组组主任,受到这股新潮流的影响,特别将思想史列为发展的一个目标。过去在史语所，思想史除附丽于经学史，如前辈黄彰健先生所致力者，基本上是在研究主流之外。八十年代以后，所中研究思想史的同人日多。令我印象深刻的是，文化史似乎于一夜之间即取代了思想史的主流地位。虽然所里有一个思想文化史研究室，但在史语所，正像不久前一场文化史研讨会的名称，思想史已成"过眼繁华"。

除了关注焦点的转移，背后的史观也乾坤挪移，从寻觅客观真相到解构真相，从还原历史到历史已死，一切主观当代化。史学与科学的距离拉大，与文学、艺术趋近。

就我不可救药的"前现代"眼光看史语所，史语所有些新近的一辈正将史语所后现代主义化。虽然仍有若干同人坚守史料整理和传统的研究领域，但似已非潮流之所在。不久前读到李亦园先生为王明珂新书写的序。李先生的序言很可以反映这样的转变。李先生说：

> 我与本书作者王明珂先生应是相隔一世代的人，我的学术研究历程是成长于1970年代以前，所以我对"民族""族群"等概念应是属于"客观文化特征"

派的;王先生的学术研究历程是成长于1970年代以后的,所以他的"民族""族群"概念明显是较偏于"主观认同"派的。因此,朋友们与同行们,无论是与我同世代或比我年轻一两世代的人假如看到我为王先生这本明显是解构文化特征论的《羌在汉藏之间》的著作写序,想必会为我捏一把冷汗。[1]

李先生觉得可能有人为他"捏一把冷汗",正反映这背后意味着的是多么剧烈的理论立场的改变。留美的王明珂只是新一辈的一个例子。史语所的"与时俱进"正体现在新一辈同人的著作里。最近虽有稍老一些的同人企图"拦截后现代",[2]但"后学"如日中天,恐怕还不是谁一时拦截得了的。

此外,史语所最新的"变"莫若成立不过年余的世界史研究室。成员全是留美留欧派,目前研究的内容是

---

1 王明珂,《羌在汉藏之间》(台北:联经出版事业公司,2003),页 i。
2 黄进兴,《文本与真实的概念——试论德希达对传统史学的冲击》,《新史学》13:3(2002),页43—69。

傅斯年所谓的"虏学",甚至超出了虏学的范围,与中国几乎无关。他们将为史语所带来什么变化,犹待观察。

五、变中之不变

史语所这二三十年尽管和过去一样,随着世界学术潮流起伏变化,但总体来说,其七十余年一贯的特色还没有到丧失殆尽的地步。这也就是变中之不变。关键在史语所的成员一批批进所。谁能进所,总是由先进所的人所决定。傅斯年当年鸠集"同志",有一定的标准。这个标准至今在征选人才和编辑集刊的过程里仍发挥着相当的作用。因此,重视史料和依据史料说话的特色,在相当程度上仍能保持下来。宽松地说,今天史语所的成员没有谁可以被划入"史观派"。不过,似乎也没有谁承认自己是百分之百的"史料派"了。

史料派从一开始其实并不限于单纯的史料整理和考证。依史料做出历史解释或"著史",前辈同样立下良好的典范。远的如陈寅恪不说,后来全汉昇的《唐宋帝国与运河》、严耕望的《中国地方行政制度史》都是代表作。继续前辈的路子,利用社会科学的方法以著史的则有许倬云、陶晋生和毛汉光等。

除了方法,在研究方向上近二十年的确迈入多元开展的时期。许多新课题的开发和壮大,例如思想文化、生活礼俗、宗教和生命医疗史,杜正胜在谈台湾近五十年的史学发展一文[1]中着墨已多,这里不再重复。以下想补充的是在多元开展之中,也有不少同人在传统的研究领域内默默工作。他们似乎更能代表史语所变中之不变。

所谓传统的研究领域主要是指中国制度史、政治史、经济史、军事史和文籍考订等。这是自陈寅恪以降,史语所前辈如劳榦、严耕望、全汉昇、陈槃等最足以自豪,成果也最丰硕的领域。近十几二十多年来,仍有同人在这些领域努力,例如:陈鸿森、朱鸿林(目前已离所)对明清经籍的考订,于志嘉、何汉威、范毅军、邱澎生

---

1 参杜正胜,《新史学之路——兼论台湾五十年来的史学发展》。

对明清军制、法制和地理经济史的研究，洪金富对蒙元制度史的研究，黄宽重、柳立言对宋代军事、法制和家族史的研究，黄清连、康乐、颜娟英和刘淑芬对中古制度、佛教和社会史的研究，廖伯源对汉代政治和军事制度史的研究，杜正胜结合考古和文献，对上古至先秦政治社会史的研究，我自己则从汉简和汉画的整理出发，偏重政治社会史的探讨。还有些同人如刘增贵兼顾较多的领域，这里无法一一细说。

以上同人的类似处在独立研究的多，合作的少；稳扎稳打的多，崇尚新奇的少。他们在态度上不以理论为前提，偏重深入掌握史籍、方志、档案、文集或出土的新资料，写作上重某方面、某时期、某区域或某专题的深入探讨，少于综合通论。这些特色正是长期以来史语所史学研究整体特征之所在。长处、短处都在这里。

他们也多少反映了所中后辈与前辈的传承关系。例如洪金富是姚从吾院士的弟子，继续蒙元史的研究；何汉威是全汉昇院士的弟子，继续明清经济史的研究；廖伯源是严耕望院士的弟子，专注于汉代政治制度史；杜正胜是高去寻和许倬云院士的弟子，继续以上古先秦史为园地。他们虽都曾留学或游学国外，在课题的选择和路数上，师门家法的影子却较为清楚。这似乎也反证留不留洋不是决定性的因素，在他们身上，领域、课题、师门和个人取向更具关键性。

细绎以上同人的研究，又不仅仅是继承师门衣钵而已，新的超越和开展也有不少。有些走得更为深入和细致如洪金富、廖伯源和何汉威，有些拓展出前辈较少触及的方面，如杜正胜走出政治社会史，另竖以生命医疗为核心的新社会史大纛。颜娟英和刘淑芬对中古佛教造像和佛教社会史的探讨，黄宽重对宋代地方武力的研究，柳立言对宋代法制和家族财产的剖析，于志嘉对明代卫所的深入分析，范毅军从地理对明清江南市镇经济发展的微观切入，则都有超出过去的新成就。更有超越意义的是范毅军全心投入的电脑地理资讯系统，如果真能有效应用，相信会为传统领域的研究带来新的面貌。

尽管如此，或许由于风气流转，在以上这些领域工作的同人多半较沉静、寂寞和被忽略。相对于思想文化、生活礼俗、宗教和生命医疗史的热闹,近十余年就个人记忆所及,除了国际汉学会议,所中似不曾主办过任何政治、制度、经济或军事史的专题会议。传统领域的沉寂并不等于成绩逊色,或从此过时。下一股风,谁知道又会吹往哪个方向?

六、一点自省

史语所走过七十五年,自己充数其间已逾二十年。回首前尘,不免也曾感染时风,左右摇晃。我总觉得史无定法,白猫黑猫,能捉老鼠就是好猫。对一些新说,无暇深究,偶尔看上一眼,唯恐错过擅捉老鼠的新猫。左顾右盼之后,一点小小的反省是:史语所创所时的某些坚持,确实有它历久弥新的价值;某些新说,灿若流星,风尚一转,随即消散。

历史学毕竟是历史学。它不是考古学、人类学、社会学、心理学、政治学或这些社会科学的集合,也不可能由这些社会科学所取代。历史学是要从时间的角度，掌握历史文化变化的轨迹，分辨它在不同时期、不同领域的核心与边缘，寻绎推动变化的主力，勾勒出变化的主线和特色。历史文化发展的本身，固可随主观的看法而歧异，毕竟是任谁也无法改变的客观存在。客观存在的核心，不会因一时主观的议论而沦为边缘；边缘，也不会因一时喧哗而化为核心。判断这一切的基础在于史料及对史料的解释。对史料的精确掌握和理解，正是历史学者本事之所在。史语所在这方面曾经有过的坚持，我深具信心。

前不久，洪金富出版《元代台宪文书汇编》，王明珂以其新著《羌在汉藏之间》相赠。两书并陈案头，外观煌煌，不相上下，内容与取向则南辕北辙。翻阅两书，心中忽生一念：五十或一百年后，两部大著的命运不知如何？西方史学进入中国已一百多年，有哪些百年中的新说化为尘埃，无人再提？又有哪些我们今天还在翻读咀嚼？文章虽非不朽之盛事，似亦非图谋一时温饱和薄名的工具。自己今后应该写点什么呢？离退休的日子屈指可数，心中惶恐，不禁冷汗一身。

七十多年来，史语所走过抗战、迁台和戒严一连串时局动荡不安的年代。不安之中，史语所倾向将自己锁在学术的象牙塔中。如今回想起来，如果不是以学术客观为由，树起与现实隔绝的壁垒，遭到政治介入和利用的情况可能更为严重。人非草木，关怀必有。关怀为一事，学术研究为一事。如果认为学术研究应与社会脉动相结合，历史的意义不过是主观的再诠释，随时而浮动，我们能有什么武器防止自己沦为现实的工具？史语所应是一处不惹尘埃的殿堂，还是随风起舞的论坛？头白齿摇，未得其解。以前读余英时先生的某篇文章，依稀记得他主张学术和政治应保持适当的距离。这个主张还是比较富于智慧。

2003.12.19 初稿，31 日再订

附录二

此情可待成追忆：敬悼傅师秀实

一、沐春风，哪识愁滋味？

傅师终于走了，缠病多年，最后摆脱，大家都为他松一口气。那天，从火葬场出来，腋下夹着傅师最后的文集——《时代的追忆论文集》，真的，片刻间一切都成了追忆。一幕幕，有些清晰如昨日，有些竟已淡然模糊……

约莫十八年前，从傅师上隋唐史。傅师晏起，课总在下午。午后三点开始，隋唐帝国随着傅师额头晶莹滚动的汗珠，兴衰起伏。隋唐如何兴亡，说实在，印象已不甚了了。因为，多半在打瞌睡。偶尔醒来，喜欢为老师画画像。汗珠看得分明，隋唐则若有似无。老师，您觉得安慰吗？我知道您也是喜欢画画的啊！

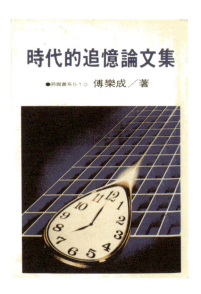

今夜,心情郁郁,想要拾回远去的记忆。随手翻翻发黄的笔记,竟然发现一张以傅师为模特的画像。钢笔的迹印,早已褪色,而老师的神采,鲜活欲出。老师啊!您会为学生不知隋唐而不快吗?您当年弃绘画而学历史,不是情愿的。但终能有成,卓然成家。而弟子我,久弃画笔,习史多年,看得见的成绩,仍然只有这张褪色的画像。

望着画像,仿佛又见傅师坐在斗室的圈椅里。那间

附录二　此情可待成追忆：敬悼傅师秀实

中國北方的草原地帶，幾千年來基於適合其生活形態，變化不大，更重要的是反映出中國對外後恆以「夷狄」視之的態度。在"夷狄這樣一個籠統的名稱下"，與其說中國關心「夷狄」本身的變化，不如說更關心他們對中國威脅的程度。對傳統中國而言，夷狄一直是威脅的來源，也始終是中國亟欲征服的對象。於是如何化解這些威脅，並使之求為中國光榮的表徵，就成為中國歷代對外政策「馭戎」之術的重要課題。

由於夷狄在中國人眼中有上述恆常的性質，我們可以蠡視中國的對外政策，相對地也有許多恆常不變的原則。這些原則或源於先秦，或成於秦漢，代代相襲，及至清代，雖然對象已不再是鬻弓射鵰之民，卻仍然以傳統的馭戎

一 序論

中國的外患，在近代海通以前，主要來自北方及西北方的遊牧民族。從秦、漢時期的匈奴開始，到滅亡宋、明的蒙古、滿洲，漢族本身雖然歷經種種融合，但是對傳統中國而言，他們的生存競爭是恆常不變的。史記匈奴傳描寫匈奴：

隨畜牧而轉移，其畜之所多則馬、牛、羊；逐水草遷徙，毋城郭常處耕田之業⋯⋯士力能毋弓，盡為甲騎。其俗，寬則隨畜，因射獵禽獸為生業，急則人習戰攻以侵伐，其天性也。⋯⋯利則進，不利則退，不羞遁走，苟利所在，不知禮義⋯⋯貴壯健，賤老弱。

這一方面反映

解釋中國對外關係的特徵，結果中國對外政策中某些和其他各國有共通性的地方，及不能得到妥當的解釋。余英時《漢代中外經濟交通》一書在這一點上反映的最明顯。余氏全書以朝貢制度為骨架，對漢代的對外關係作了全新的解析，作者明確地指出東漢的以夷制夷政策和同時代羅馬帝國的對外政策有不謀而合之處。可是作者始終未能說明東漢這種具有此東史學上意義的政策和代表中國外交特色的朝貢制度有什麼關係。因而不免令人懷疑：朝貢制度是否能完全地說明中國整個的對外關係？事實上，如以夷制夷其它政策，我們就沒有辦法從朝貢制度的理論加以完滿的解釋甚而連文上我們談中國對外關係時，不能不注意的一部分，

王爾敏、李國祁二氏對此曾有精湛的分析。王氏指出：

衛為珍寶，專對付那些海上來的"夷狄"。傳統的歐戎衛究竟以那些原則為準則？過去一直缺少系統的研究。戴書漢曰，過去學者多外論的對外關係，或旨唐代、宋代的對外關係，一便是漢、唐日（很少作比較的研究。）宗的對外關係有何同異，他們的對外政策有無相通之處，或迥然不同。如果有，其中那些更構成中國近代外交的基礎？這是我們關心，但一直沒有滿意答案的問題。直到近末，一些西方學者基於對近代中西外交史的研究，發展出一套朝貢制度（Tributary System）的理論。他們以朝貢解釋傳統中國全盤的對外關係，並以此為傳統中國"世界秩序"的主要內容。這種理論雖然把握了問題的核心，但未能抓其全貌。

但是這番理論之作畢竟主要建行失，由於它的目的原在分顯示出由於中國文化本身的特質在外交上所造成的影响斗室，以破陋出名。那张圈椅，动辄得咎。然而，傅师坐卧其间，怡然自得。毕业那年，常常走动。傅师冒着汗，坐在圈椅上，一字一句修改我不成气候的论文。傅师累坏了，我甚觉歉然，他平和地说："不急，慢慢来，写多了就好。"改完一段，师徒二人上凤城，一人一客滑蛋牛肉饭，外加鸡蓉玉米汤。钱，没有例外，傅师出。

婚后，邀傅师来家中小聚是最快乐的一段回忆。傅师爱吃冰糖肘子，一回能吃一整只。"那是年轻的时候"，傅师咯咯笑着，"现在还能吃半只"。每回维红总要准备肘子。有一次昌国和翔飞也在座。傅师右手拿烟，左手执刀，在烂熟的肘子中间，划下一刀，"我吃一半儿，其他你们分"。傅师吃饭出奇地快。我们的半只肘子还躺在盘中，傅师已在抹嘴。翔飞吃得慢，还好吃得少，倒也能即时饭罢，陪老师来段西皮二黄。此时，时光仿佛倒流。傅师叼着烟卷，嘴里打着锣鼓点。翔飞忘了词儿，锣鼓点变成提词儿。就这样，傅师合上眼，随着节拍，回到了过去。过去有欢笑，在家乡；过去有恋情，在玄武湖畔。真是"此情可待成追忆，只是当时已惘然"。回忆徒增愁绪，新婚燕尔的我们岂能了解？记得婚后不久，傅师来舍便餐，维红和我拿出蜜月的照片，傅师看了，直说："恶心极了，恶心极了。"我们天真地笑作一团，老师的千愁百结，我们终不曾明白。

二、暂别离，惊闻风眩疾

傅师血压高，是祖传的老毛病。但大病倒下，却在我们出国以后。在国外，为课业所迫，并不常修书问候。写信总待年节或听到老师不舒服的消息。傅师好强，不愿别人为他担忧，回信必然掩饰病情，说些不相干的事情。1978年1月5日给我们一信：

义田维红，

贺卡收到，谢谢你们的关怀。我的心脏病已痊愈（中医看好的），只是还有点血压高。胡平生所记的"不舒服"即指此。但已无大碍，请释念。

Best wishes to you
for a
Merry Christmas
and a
Happy New Year

Lo-Cheng Fu

義田
維紅

敬祝聖誕
恭賀新禧

傅 樂 成 鞠躬

賀卡收到，謝謝你們的關懷。我的心臟病已痊愈（中醫醫好的），但又患太陽病糖尿。維紅為我存了三千元，我又加了一萬元的定存生利息，是長期的，暫未來動。此外，預計由姐代存了三萬元，暫時可取現已開得只剩三千元。現在不好了，李行錢也再說。我住宗善不過賺了門牌（248巷10弄），各大雜誌建康室，還是有我的份，同時沙吾爾工廠料，我也還有興趣。新房子雖有預售，但大都為環境差，鄰居罕有中產，作為師校教學會之盛況，懷舊使你們回未被辦再樂行也。嫂姐我大兒元生。

今年趕忙了，九月間出了一本「漢唐史論集」，收入著作十八篇，書已送呈。前兩月寄奉一冊，此次又接行了一次中國通史，但是去年出版，大概是假了幾行。

> 维红为我存了三万元，我又加了一万，共四万，存在银行，是长期的，至今未动。此外，许小姐（按：历史系办公室助理）代存了二万元，随时可取，现已用得只剩三千元。现在不存了，等有钱再说……新弟子虽有几位……往日师徒聚会之盛况，惟有俟你们回来，始能再举行也。　乐成六七，元，五

傅师向不积蓄，随赚随花。有一回竟为维红说动，开始按月存钱。维红出国，托许小姐代办。维红不放心，修书"查问"，才惹出傅师这一番答复。"等有钱再说"是傅师真正的脾气，存钱不过是拗不过维红罢了。

1978、1979 年，陆续听到傅师身体转坏的消息。他在信中轻描淡写。我们力劝他为了健康，应从那室闷的破屋中迁出，要求学校分配间像样的宿舍。要不，休假一年，到夏威夷来静养。傅师 1979 年 12 月 19 日的回信是：

> 我的身体，较前健康些。但最近因天气骤变，

时感晕眩。现正求医诊治,已较前好转。我仍住在从前的小屋中。如想改善,必须求人,而我偏不好此道,只好将就。

好在我一个人,倒也方便。中国的事,往往如此,不要感到不平。我没有被老×、老×及其徒子徒孙解职,已属万幸了。

我现在仍无暇到夏威夷休养,谢谢你们的好意。两三年后,我将要退休,退休后再玩个痛快吧!听说你们明夏返台,至感高兴。届时又可畅谈了。

这是傅师给我们最后的一封信。真情、个性全然流露。但接信不及一月,第二年初,昌国赴美,途经夏威夷,电话中告知傅师病发住院的消息,心中一沉,暗念:"鬼门关外来去数次的傅师,还能等我们畅谈吗?"

三、悲重逢，有泪竟无言

回台见到傅师，是在斗室里间的卧榻上。过去，我们总先敲门，傅师略为整装而后亲自开门。这回，傅师已不便下床。见到我们，他挣扎地坐在床沿，枯瘦的手紧握着我们。眼中有泪，面带苦笑，嚅嚅欲言，竟然不能成句。见到一别五年的傅师，被折磨至此，不敢放声痛哭，强忍酸楚，说些轻松安慰的话："老师乖乖听医生的话，按时吃药，好好作复健；病好，我再做冰糖肘子给老师吃。"维红说着，傅师苦笑地点点头。出了傅师的门，维红的泪水终不禁夺眶而出。

年的幻变，竟如傅师自己所说，对他总是不利的。这几年病情起伏，常在年的前后。前年春节前，大伙儿去看傅师，傅师能够坐在桌前，自己进食，桌前悬一镜，傅师从镜中可知背后的来人。这是病情最好的时候。过了年，又回到医院，不久又从医院出来。去年，在血泊中被送到医院，休克之后，竟又复苏，忍受未完的折磨。了解傅师甚深的龙治说："不如归去。"终于，年节甫过，傅师归去。

"不敢望到南京城,但愿生入吴淞口。"这是傅师尚能言语前,最后的希望。南京、上海都是傅师旧情所系。如今物化,情何以堪?真愿知道魂魄是否有知;如若有知,愿傅师再上北极阁,重游玄武湖,成全未了情缘于九重之天。

(原刊《中国时报》副刊,1984 年 3 月 23 日。本文稿费捐赠傅乐成教授纪念奖学金)

附录三

新工具与新史学：用 Google 地球探索秦汉长城[*]

> "凡一种学问能扩充他作研究时应用的
> 工具的，则进步；不能的，退步。"
> ——傅斯年《历史语言研究所工作之旨趣》

很幸运，我有机会在"中央研究院"历史语言研究所的良好环境里度过三十五年的研究生涯。这三十五年中，不但有缘和所中同好一起整理和研读傅斯年图书馆收藏的数以千计的汉魏晋画像和碑刻拓本，也毫无限制地接触到一万余枚 1930 年代出土的居延汉简。这些都是史语所前辈留下的珍贵材料。进史语所工作之初，说实在并没有真正意识到自己的幸运，但一开始即为这些新材料深深吸引。此后的研究工作竟然不自觉地，就主要

---

[*] 本文为邢义田《Google 地球与秦汉长城》（台北：三民书局，2022）序言。

围绕着这些珍宝和其他相关材料打转。小小的研究成果已见于发表的论文和专书,无须再多说。

这里想说说我另一方面的幸运——有缘应用新工具。由于史语所提供良好的环境,我能在新工具出现不久,即有机会利用。这使我内心充满无限的感谢。例如史语所最早将善本藏书扫描建成电子档,也最早开发出二十五史电子资料库,研究者从此得以进入电脑检索史料的新时代。约在1987年左右,所中同事和我刚开始释读居延汉简时,仍沿用过去以放大镜查看原简的老办法。原简字迹如果残损、模糊或褪色,即难辨识,校订释文的成果起初极为有限。1989年日本关西大学的大庭脩教授来史语所察考居延汉简。从他口中得知日本出土的木简用红外线设备可摄制出相当清晰的照片,而且用红外线可以看见木简上肉眼无法看见的字迹。我们在管东贵所长的支持下,很快组成汉简整理小组,采购当时所能买到的红外线设备,使整理和释读工作有了突破,看清许多模糊甚至过去以为无字简牍上的字迹。现在看来,那时的设备仅仅是一具十分简陋的监视器。刚开始我们甚至没有合用的光源,在市面上寻找了一些发光小灯,因陋就简组装成不均匀的红外线光源。后来才买到极简单带红外线光源的监视器。在新设备的帮助下,整理小组摄制了红外线照片,率先推出第一部用红外线摄制图版的《居延汉简补编》。

2004年左右Google公司刚刚在网上推出较新版的Google地球(Google Earth),精确度较旧版大为提升。2006年我正巧有机会应邀去额济纳河流域考察居延边塞遗址,行前向"中央研究院"地理资讯研究中心借得一套方便的GPS定位仪,为一路走访的路线和遗址记录下了经纬度数据。因而我又很幸运地成为较早一批能结合Google地球和田野考察成果的人,不能不说这些新工具使我有了不断前进的可能。2006年考察的成果见本书的第二章。

第二章所述是先考察实地和取得经纬度数据,再利用Google地球做分析。Google地球虽是大面积追寻地表遗址线索的利器,但内在限制很大。它毕竟不能取代遗址的实地调查和发掘,也无法据以断定遗址的时代。近年又看到一些比 Google 地球更强大、更新的工具,如无人机(drone)、光达和数值高程模型,可为古代遗址的寻踪带来更大的前景。这些新工具我不曾亲身使用过,也借这本小书稍稍一提。由于接触和所知极为有限,本书第一章的介绍仅限于个人曾接触或关注的,旨在为全书做一个简单的铺垫,不完备和错误自在意中,只好请读者诸君原谅和指教了。

本书第三章以下则仅凭借 Google 地球"遥观"长城和障塞遗址而后做讨论,没有真正看到长城。2018 年曾应邀到北京大学人文社会科学研究院访问,参加他们组织的内蒙古遗址考察。这次考察使我第一次见到阴山山脉和河套地区,当时沿阴山南麓考察古城址,却没有机会入山,一睹山上依然挺立的秦汉长城。访问结束回台,查阅相关文献和近数十年来的研究,才赫然发现作为千年文化地标的秦汉长城,居然仍有不少待解的谜:蒙古地区长城有几道?哪些是秦长城?哪些是汉长城?哪些部分又为历代所沿用?为什么有人认为阴山以北,从今天内蒙古深入蒙古国的长城应是西夏或成吉思汗长城?

意见出乎意料地有分歧，激起我很大的好奇，试图一探究竟。这时进一步注意到，除了蒙古国和俄罗斯，已刊布的中文研究报告几乎都不提供长城和沿线遗址的经纬度数据。不禁想到：Google 地球可以帮上忙吗？

这时正巧新冠疫情暴发，全球陷入恐慌，纷纷封城封国，实地考察已不可能。Google 地球顺理成章成为我满足好奇心，一时最方便的工具。2019—2020 年困于书斋，几乎完全投入"遥观"长城的工作。在无垠的戈壁大漠和绵延不绝的群山间，依赖极少的线索和极大的幸运，寻觅长城和沿线障塞的点滴踪影。又利用 Google 地球附属应用工具，记录所见遗痕的图影和经纬度，制成数据表，方便今后有兴趣的研究者能比较精确地或到实地，或在电脑前，找到秦汉长城。

在遥观取得经纬度数据、斟酌传世文献和中外学者的意见以后，我目前倾向于排除由西夏或成吉思汗始造长城之说，认为阴山以北，横卧在今天蒙古戈壁中的两道长城，如大多数中国学者所说，始建于汉武帝，宜名之为汉外长城南线和北线，以区别于阴山南麓习称的阴山长城和蒙恬渡"北假中"所筑的秦长城或阳山长城。秦汉长城和沿线障塞不断为后世王朝修缮改建和利用，南北朝和隋唐以后，西夏是主要的利用者。这固然是综合评估各种可能以后的看法，我必须强调在没有实地考察、发掘和出土文字性资料佐证的情况下，这个看法仅仅是依据旁证、比较合理、有待检验的假说而已。因为蒙古地区除了额济纳河沿岸，相关的考古发掘迄今太少，文字证据欠缺，其他的看法其实也是推测多于实据。这就是为什么我要说秦汉长城仍然有谜待解的原因。

相关的讨论构成本书的第三至第六章。这四章原曾发表于"中央研究院"历史语言研究所刊物《古今论衡》，现在每一章都有增补修改，有些地方调动了章节和内容顺序。基本上由南叙述到北，以反映汉代向北扩张的次第。这四章每章末尾表列有我找到的蒙古长城及障塞烽台遗址共三百余处，并作了遗址编号。我本不该自作编号。由于目前正式出版的《内蒙古自治区长城资源调查报告》不附遗址经纬度数据，除了少数例外，我无法精确比对我找到的遗址和资源调查报告中提到的遗址而借用其编号,或做出编号对照表。这必然造成读者阅读上的不便,请谅解其中的不得已。

不论如何,我相信长城研究要更上层楼,必须以精确的时空定位和有系统的考古发掘,最少是重点或定点发掘为前提,找到较明确、具时代特征的文物或文字性的证据,否则无法打破目前各说各话的局面。

二十多年前,曾发表一篇小文《从古代天下观看秦汉长城的象征意义》。当时完全不知在阴山以北还有两道外长城。如今感觉需要重新考虑汉代长城的实质和象征意义。因此稍改篇题,增修内容,作为本书的附录,希望读者能认识到秦汉长城不只是几道地表最长的人为建筑,而是以"普天之下,莫非王土"和"王者无外"为内核,源于先秦,成熟于秦汉,一种中国古代天下观支配下的产物。

最后要感谢所有在我探索道路上大力协助的单位和朋友。首先是"中央研究院"历史语言研究所和地理资讯研究中心的技术支援,其次是邀请我考察甘肃和内蒙古秦汉遗址的甘肃省文物考古研究所和北京大学人文社会科学研究院。

在向三民书局交出书稿前夕,收到罗丰先生寄下的《宁夏早期长城调查报告》和李零先生电邮提示他对内蒙古武川县大青山乡坝顶村新发现圆形遗址的意见,能够适时做了补充和调整。正服役中的学棣石升烜博士则在百忙中,代为找出不少我自己怎么也没发现的错误。谢谢他们。想要致谢的好友还有很多,他们的大名已分见各章后记和附注,不再重复。不过在此要特别再次感谢日本学者森谷一树先生。在本书各章写作过程中他曾大力协助;本书交稿一周后,又得见森谷先生最新力作,但已不及再作更动,仅将其作纳入本书第五、六章附注。最后要谢谢三民书局编辑部协助这本书的出版,认真并顺利解决了我一直担心的附图版权问题。本书用了很多 Google 地球截图,谢谢 Google 公司。

邢义田

于南港东新街寓所

2021 年 12 月 23 日

Google 地球

Google Earth and the Great Wall of the Qin and Han Dynasties

邢義田——著

與秦漢長城

三民書局

后记一

这本访谈录能够成篇，首先要感谢香港中文大学历史系黎明钊教授热心介绍，香港三联书店梁伟基先生提议出版。梁先生委托澳门大学马增荣博士来台访问并作出谈话逐字稿。马博士一丝不苟，不仅完成初稿，还进一步为访谈所涉各点加上附注。对以上诸位先生的好意和辛劳，再次敬致由衷的感谢。文稿大定后，我曾稍作修订、增补并配图，也略略调整了一些内容顺序和小节标题。

这次出简体版，大体如旧，仅调整增补了些许文字，增改若干配图。附录部分，从责任编辑王婧娅女史建议，增加一篇悼念恩师傅乐成的旧作以及一篇新书《Google Earth 与秦汉长城》的序言。婧娅的辛勤付出，在此敬致谢忱。

邢义田

2023.09.06

后记二

邢教授曾在《行役尚未已,日暮居延城——劳榦先生的汉简因缘》的后记提及,当年甫入史语所,每周与杜正胜先生到台大听劳榦先生的课,"平生之憾得以稍稍弥补"。[1] 对我而言,这次三日两夜的访谈以及随后的电邮通信,也稍为弥补我往日未能从邢教授问学之憾。邢教授的名字,对学习中国古代史的我来说,绝不陌生。只是我本科和硕士期间均主攻魏晋南北朝史,未有深入研读教授的著作。硕士毕业后,有机会担任黎明钊老师的研究助理,转攻秦汉史和出土简牍。邢教授的著作从此成为引领我进入秦汉史世界的一盏明灯。

最早与邢教授的接触,是 2010 年在香港中文大学举

---

[1] 原刊于《古今论衡》8(2002),修改后收入《地不爱宝》,页 388。

办的"汉帝国的制度与社会秩序"国际学术会议，但由于我需要参与部分会务工作，加上会议时间紧迫，无缘多向教授请益。其后，邢教授曾来中大演讲，身为台下听众的我，竟怯于当众提问，浪费了请益的机会。一直到我从美国留学回来，再次在2019年成为教授台下听众，已是差不多十年之后了。

这次访谈是由香港三联书店的梁伟基师兄促成。最初，梁师兄告知我此计划时，我没有预料到邢教授会答应进行访谈，结果完全是喜出望外。为了准备这次访谈，我事先拟了数十条问题，分成三大主题：一、家庭、求学、师友与研究生涯；二、秦汉中国与古罗马；三、新时代下的秦汉史研究。很幸运，赴台三天，热情的邢教授腾空了他的时间表，只招待我一人。不但预先准备的问题能得到完满的回应，邢教授亦随兴分享了其他的研究心得和对世事的看法，以及让我一睹他多年来的读书笔记和手绘摹本。结果，当初拟定的三大主题，成为后来整理本书的骨干。

我的整理工作，分为数个步骤：首先，重听当日访谈录音，整理成文字稿；其次，调整各主题下的问题，令重点更清晰，读起来更流畅；最后，修改文字以提高可读性。初稿完成后，又改了数遍，然后呈交邢教授批改。邢教授接到文稿，反复修改，理顺文字之余，又增补多处内容，配上珍贵图片。邢教授对文字的驾驭能力和一丝不苟的态度，是本书质素得以大大提升的重要原因。

本书除了展现邢教授的学术心得，亦希望借教授的学思经历以及与师友的互动，反映过去数十年中国古代史研究（特别秦汉史一段）的发展。书中包含了邢教授治古代史多年的省思，提醒年轻学者，在竞争激烈和充满变数的时代，除了应付工作要求而从事的"为人之学"外，当不忘初衷，以"为己之学"作为从事学术研究的终身目标。

马增荣

2020 年 11 月 1 日初稿，2021 年元旦夜修订